Francis Acharya

YOGA – ein Weg zu Gott

Francis Acharya

YOGA
– ein Weg zu Gott

Herausgegeben von
Martin Kämpchen
Mit Fotos von
Andreas Hoffmann

Kösel

ISBN 3-466-20361-9

Druck und Bindung: Kösel, Kempten
Umschlag: Elisabeth Petersen, Glonn, unter Verwendung
eines Fotos von Ernst Stürmer, Wien

1 2 3 4 5 · 96 95 94 93 92

Inhalt

I. Einleitung

Eine Kreuzwegstation auf dem Kurisumala (Kreuzberg)

Viel wird im Westen über den Niedergang des christlichen Mönchtums geschrieben. Wir sind es gewohnt, über sich leerende Klöster, den schwindenden Einfluß monastischer Kultur, das immer geringere Verständnis der Bevölkerung für das mönchische Leben zu klagen. Seit vierzig Jahren ist aber eine Erneuerungsbewegung des Mönchtums im Gange, die bisher im Westen wenig beachtet worden ist: die christliche Ashram-Bewegung in Indien. 1950 ließen sich der Weltpriester Abbé Jules Monchanin (†1957) und der Benediktiner Henri le Saux (†1973), beide Franzosen, in Hütten am Ufer des Flusses Cauvery (in der Nähe der südindischen Großstadt Tiruchirapalli) nieder. Als Zeichen für ihren Wunsch, sich der Hindu-Tradition anzupassen, nahmen sie indische Mönchsnamen an: Swami Paramarubyananda und Swami Abhishiktananda. Sie gründeten gemeinsam Saccidananda Ashram, oder wie er gemeinhin heißt, Shantivanam. Es ist der erste Versuch im modernen Indien, ein christliches Leben mönchischer Kontemplation gemäß der Lebensweise traditioneller Hindu-Ashrams zu führen. 1953 schloß ich – ein belgischer Trappist – mich ihnen an und wählte den Namen Francis Acharya. »Acharya« ist die indische Bezeichnung für einen geistigen Lehrer, ähnlich wie in Rußland ein »Staretz« oder der »Guru«.

1955 gründete ich auf Einladung der Katholiken des syrisch-malankarischen Ritus in Kerala den Kurisumala Ashram in einer wild-schönen Berglandschaft der Gebirgskette, die im südlichen Westindien parallel zur Küste verläuft, den »Western Ghats«. Ein Jahr später schloß sich Bede Griffiths, ein englischer Benediktiner, an, gefolgt von mehreren einheimischen Mönchen. Ich wählte den syrisch-malankarischen Ritus, der in Kerala Tradition hat und die orientalischen Elemente der Liturgie noch am deutlichsten bewahrt. Dieser orientalische Einschlag sprach, so stellten wir fest, indische Christen besonders an. Unser Ashram sollte jedoch nicht nur in der Tradition des orientalischen Christentums Wur-

Die Hauptgebäude des Ashram

zeln schlagen, sondern auch in den monastischen und kontemplativen Erfahrungen des Hinduismus. Es zeigte sich, daß durch diese Verbindung zum christlichen Orient und zum Hinduismus der Ashram eine Dynamik und ein Wachstum erlebten, die erstaunlich waren[1].

Die Bergwildnis, in der wir unsere Ashram-Hütten bauten, war zunächst nur durch einen stundenlangen Fußmarsch über Bergpfade erreichbar. Trotzdem wuchs unsere Kommunität innerhalb von drei Jahren auf fünfzehn Mönche an. Wir haben niemals versucht, die Größe unserer Ashram-Gemeinschaft auf mehr als zwanzig Mönche auszudehnen. Wir wollen keinen neuen Orden gründen – mit einer zentralen Autorität nach westlichem Vorbild. Wir sind überzeugt davon, daß das Reich Gottes sich heute vor allem in kleinen Gemeinschaften zeigen kann, die einfach, natur- und volksnah leben, Gastfreundschaft üben und ihren Besitz mit allen wahrhaftig und in Liebe teilen.

Heute besteht der Ashram aus der niedrigen Steinkirche (am 14.September 1958 eingeweiht), dem Wohnbereich der Mönche, einer gut eingerichteten Bibliothek, einem Gästehaus mit einer Halle für die Zusammenkünfte von Mönchen und Gästen am Abend und, unter den Felsen verstreut, mehreren Einsiedeleien. Wir haben eine Bäckerei und große Ställe für die Milchkühe; wir haben Gemüsegärten angelegt und Felder für Viehfutter; außerdem ist das weitläufige Ashram-Gelände mit gutem Gras bedeckt, auf dem das Vieh weidet.

Aus dem Kurisumala Ashram sind mehrere Ashrams hervorgegangen, die wir unter die Leitung reifer Mönche unserer Gemeinschaft gestellt und die die Unterstützung des Ortsbischofs erhalten haben:

Saccidananda Ashram, den Bede Griffiths von Swami Abhishiktananda übernommen hat (1968).

Thirumalai Ashram, in der Nähe von Kanyakumari (1971).

Chayalpadi Ashram, in der Diozöse Trivandrum (1972).

Dhyana Ashram, in der Diozöse Sultan Battery (1980).

Shanti Ashram, in der Diozöse Trivandrum (1988).

1 Vgl. Robert Taft: The Liturgy of the Hours in East and West. Collegeville 1985, S.244.

Liturgie im syrisch-malankarischen Ritus

Im Jahr 1992 zählen wir im Kurisumala Ashram zweiundzwanzig Mönche, die wir je nach Reifegrad in *Sadhakas* (Novizen), *Brahmacharis* und *Sannyasis* einteilen. Diese Zahl schließt zwei Diakone und sechs Priester ein (von denen zwei in den neuen Ashram-Gründungen wohnen).

Der Kurisumala Ashram gehört, wie gesagt, der syrisch-malankarischen Kirche an, die erst 1930 mit der katholischen Kirche uniert wurde und darum von deren latinisierendem Einfluß unberührt geblieben ist. Heute ist der Kurisumala Ashram eines von nur zwei Mönchsgemeinschaften innerhalb der mit Rom unierten orientalischen Kirchen.

Der Kurisumala Ashram hat mit seinem einfachen Leben des Gebets und der Arbeit sehr bald zahlreiche Besucher angezogen. Es kommen Theologiestudenten, oft mit ihren Lehrern, Priester, Mönche und Schwestern, sogar Bischöfe. Oft bleiben die Besucher zu privaten Exerzitien. Viele junge Menschen arbeiteten, in bester Ashram-Tradition, gemeinsam mit den Mönchen auf den Feldern, in den Ställen oder in der Küche. Gastfreundschaft ist einer der Pfeiler des Ashram-Ideals.

Die Liturgie der syrisch-malankarischen Kirche ist orientalisch reich und feierlich. Wir entschlossen uns von Anfang, die monastischen Stundengebete in ihrer vollen Länge und über den ganzen Tag verteilt zu beten. So beginnen wir unseren liturgischen Tag mit der Nachtvigil um vier Uhr morgens, also vor Sonnenaufgang. Die Gebete sprechen wir teils in der Sprache Keralas, Malayalam, und teils in Englisch. Um die Stundengebete in englischer Sprache beten zu können, habe ich sie nach und nach in den letzten fünfundzwanzig Jahren übersetzt und in vier Bänden herausgebracht[2]. Dieser Schatz an liturgischen Gebeten wird inzwischen nicht nur in unserem Ashram benutzt; von allen Kirchen und Kontinenten bekommen wir Nachricht, daß mönchische Gemeinschaften, Priester, Nonnen und Laien diese Gebete mit Gewinn regelmäßig beten. Sogar in der Untergrundbahn von New York, schrieb man mir, wird in diesen Bänden gelesen!

Allerdings habe ich die syrischen Stundengebete nicht mechanisch

2 Prayer with the Harp of the Spirit. Vier Bände. Kurisumala Ashram, P.O. Vagamon 685 503, Dist.Kottayam, Kerala/Indien 1982- 1986.

in englische Verse übertragen. Entsprechend unserem Auftrag in Indien enthält jedes der wichtigen Stundengebete, am Morgen, Mittag und Abend, eine Hymne aus den heiligen Schriften der Hindus, aus den Vedas, den Upanishaden oder der Bhagavad-Gita. Die uralte Inspiration des Landes, in dem wir leben, ist auch für uns wichtig und soll unser christliches Leben in Indien befruchten[3].

Ökumene, Inkulturation und interreligöser Dialog sind die drei Pfeiler unseres kirchlichen Lebens im Ashram. Die Einbindung als ursprünglich lateinische Mönche in die orientalische Kirche ist unser ökumenischer Beitrag. Inkulturation verwirklichen wir durch die Wahl unserer Lebensweise, die der Hindu-Mönche ähnlich ist, und das informell-charismatische, sehr einfache Leben der altindischen Ashram-Gemeinschaften nachahmt. Dialog ist die Kehrseite von Inkulturation. Im Dialog versucht der Christ keine kulturelle Anpassung, sondern seine Selbstdarstellung als Christ gegenüber dem Hindu. Als christliche Mönche haben wir den besonderen Vorteil, mit jenem Bereich der indischen Tradition in einen Austausch zu treten, der für das Schicksal der Menschheit von besonderem Einfluß gewesen ist: sein Bettelmönchtum. Eine mönchische Weltanschauung ist Indiens großer Beitrag zur Weltgeschichte.

Wir haben bereits Dialog geübt, bevor das Zweite Vatikanische Konzil die Kirche dazu aufforderte. Doch haben wir niemals Seminare abgehalten und auch selten welche besucht; wir wollten weniger über Dialog theoretisieren, als ihn *leben*. Unter unseren ersten Besuchern waren Hindus, Laien und Mönche, mit denen wir langjährige freundschaftliche Beziehungen pflegten, gestärkt durch gegenseitige Besuche. Ein Hindu-Mönch, der zu uns kam, um uns in der Bhagavad-Gita zu unterrichten, blieb zu unserer Freude für den Rest seines Lebens bei uns im Ashram, sieben Jahre lang.

Vierzig Jahre sind vergangen, seit ich indischen Boden betreten habe. Und immer noch fühle ich mich stark zu dem geistigen Erbe Indiens hingezogen. Niemals habe ich bereut, das ockerfarbene Gewand der

3 Siehe Beispiele der Liturgie des Kurisumala Ashram in Nr. 56,57.

Hindu-Mönche, das ich von meinem Bischof empfing, zu tragen. An allen christlichen Namenstagen für Mönche und Nonnen spreche ich zusammen mit der Ashramgemeinde in der Liturgie:

Christus unser Gott,
der Du die alten Kulturen und Religionen,
die Samen Deines Wortes, gesät hast, bewege uns dazu,
die Samen der Kontemplation und die Früchte
der monastischen Bemühung in dem geistigen Erbe Indiens
zu suchen...
Wir beten darum, daß sich das monastische Charisma
als ein Zeichen der Einheit aller Gottesfürchtigen
offenbaren möge, trotz der Unterschiede und Trennungen
unter den großen Religionen.

II. Yoga für Christen

ÜBUNGSKURS 1-34

Frauen bringen morgens Milch zum Ashram

1. Das ganze Leben ist Yoga

Yoga und Meditation sind kein Zeitvertreib wie jeder andere. Sie bedürfen täglicher Einübung und Bemühung. Ich weiß, daß heute in Europa und Amerika »Yogakurse für Manager«, »Yogakurse für werdende Mütter«, »Yogakurse für Autofahrer« angeboten werden. Yoga hat keine solche eingeschränkte, funktionelle Aufgabe, etwa den Abbau von Berufsstreß, Entspannung in Krisensituationen. Yoga hilft dem *ganzen* Menschen, oder er hilft gar nicht.

Ich bemühe mich, Yoga für den christlichen Glauben fruchtbar zu machen. Tatsächlich kann Yoga ein neues, nie erhofftes und erahntes Glaubenserlebnis vermitteln. Doch die ersten Schritte sind nicht leicht. Denn Yoga fügt dem Alltagsleben nicht nur etwas hinzu; morgens und abends eine halbe Stunde für Yoga-Übungen und Meditation zu reservieren, genügt noch nicht. Wir müssen bereit sein, vieles aufzugeben – nicht unbedingt »schlechte« Dinge, sondern nutzlose und hinderliche. Vor allem sollen wir dafür offen sein, daß Yoga und Meditation in die übrigen halben Stunden des Tages, in den gesamten Tagesablauf hineinstrahlt und ihn allmählich umwandelt. Vor den Konsequenzen dürfen wir nicht zurückschrecken, wir müssen sie ziehen, wenn sie sich aufdrängen.

»Das ganze Leben ist Yoga«, hat Sri Aurobindo, ein indischer Philosoph und Yogi dieses Jahrhunderts, gesagt.

Bruder Mariabhakt

2. *Yoga und Körperbeherrschung*

Yoga hat nichts mit Gymnastik zu tun. Gymnastik ist gesund und übt die Gelenkigkeit und Kraft des Körpers. Das Ziel des Yoga ist weder Gelenkigkeit noch Kraft – sie können allenfalls Nebenwirkungen sein.

Ziel des Yoga ist, mit den Mitteln, über die Seele, Verstand und Körper verfügen, zur Erfahrung Gottes zu gelangen. Yoga versucht, diese drei Sphären des Menschen zu integrieren und in dieser Harmonie auf Gott hin zu lenken. Der Körper spielt insofern eine wesentliche Rolle, weil er die »Wohnung« von Seele und Verstand ist. Ist die Wohnung nicht in gutem Zustand, kann sich niemand darin wohlfühlen. Darum ist erstes Ziel des Yoga, den Körper gesund, widerstandsfähig, kräftig zu erhalten, damit Seele und Verstand sich in ihm möglichst »wohlfühlen« – das heißt, ihre Kräfte ungehindert und voll entfalten können.

Doch Yoga geht weiter: Der Körper soll durch Yoga zu einem gut kontrollierbaren Instrument für Seele und Verstand werden. Der Körper soll ihnen nicht nur ermöglichen, sich ungehindert und voll zu entfalten, sondern er soll die Kräfte der Seele und Verstand aktiv fördern.

Wir haben von der oft sensationell anmutenden Körperkontrolle indischer Yogis gehört. Sie darf nicht Endzweck sein und schon gar nicht zur Schau gestellt werden. Körperkontrolle muß immer der Vertiefung von Meditation und Gotteserfahrung dienen.

3. Yoga und Gesundheit

Die indischen Yogis haben erkannt, daß man nicht gegen die elementaren Bedürfnisse des Körpers, gegen seine Gesundheit und Integrität, arbeiten darf, um zu meditieren und Gott zu erfahren. Die eine wichtige Voraussetzung für eine tiefe Meditation ist die Fähigkeit zur *Konzentration.* Yoga-Übungen sollen den Körper so harmonisch und kräftig machen, daß er die Konzentration nicht behindert, sondern fördert.

Die asiatischen Kulturen haben wissenschaftlich genau die wechselseitigen Abhängigkeiten von Körper und Seele/Verstand erforscht und die Ergebnisse konsequent für ihre geistigen Ziele angewendet. In der christlichen Tradition werden diese Abhängigkeiten eher vernachlässigt. Wir sind körperfeindlich erzogen worden. Wir glauben, wir müßten die Regungen des Körpers »abtöten«, um ein Leben im Geist zu führen.

In den Biographien christlicher Heiliger lesen wir oft von ihren Krankheiten und Gebrechen, als sei körperliches Leid geradezu Voraussetzung zur Heiligkeit. Es ist im Gegenteil erstaunlich, daß diese Frauen und Männer *trotz* ihres kranken und schwachen Körpers ein intensives geistige Leben führten. Leid hat in der christlichen Religion eine große Bedeutung, weil Christus uns durch sein Leid erlöst hat. Menschliches Leid soll aber nicht verherrlicht werden.

Die indischen Meister haben immer betont: Halte deinen Körper gesund, damit er dir als Instrument einer guten Meditation dient.

4. Yoga und Körperüberwindung

Auch die indischen Meister wollen den Körper »überwinden«, doch nicht durch Frontalangriff, durch »Abtötung«. Sondern durch ein geradezu wissenschaftlich genaues, sensibles Abwägen, welche Kräfte im Körper für das Leben im Geist genutzt werden können, und welche nicht. Dabei beachten die Yogis die Verflechtung von Körper, Seele und Verstand, die bis in die Wurzelgründe des menschlichen Seins reichen. Um abzuwägen, was im Prozess der »Körperüberwindung« für das geistige Leben förderlich und was hinderlich ist, braucht man lange Erfahrung und sehr viel Sensibilität.

Sobald dieser Zustand der Körperüberwindung erreicht ist, sobald der Körper ein gehorsames Instrument geworden ist, verliert der Yogi das Interesse an seinem Körper. Nach der Hindu-Philosophie gehört der Körper immerhin in den Bereich der *Maya,* der vergänglichen Materie, die im Grunde kein »Sein« besitzt.

Christen besitzen nach ihrer Lehre eine positivere Auffassung vom menschlichen Körper – wenn auch die Tradition sie häufig verschüttet und eine körperfeindliche Askese gepredigt hat. Denn die Kirche lehrt die Auferstehung von den Toten mit Leib und Seele. Der Körper ist also nicht vergänglich – er nimmt an der Seligkeit bei Gott teil.

In einem christlichen Yoga besitzt die Gesundheit und Integrität des Körpers also bis zuletzt einen Wert in sich.

5. *Wunder und Technik*

Yoga hat nichts mit Wundern zu tun. Manche Yogis rühmen sich ihrer übernatürlichen, »okkulten« Kräfte. Diese Phänomene können erscheinen, weil durch Yoga Energiezentren im Körper »geweckt« werden, die in einem »normalen« Leben latent bleiben. Diese sogenannten übernatürlichen Phänomene sind also kein Bruch der Gesetze der Natur, keine göttlichen Eingriffe, sondern dem normalen westlichen Menschen unbekannte Kräfte, die aber »gesetzmäßig« auftreten und keine Wunder sind.

Echte Yogis lehnen den Gebrauch übernatürlicher Kräfte ab. Denn sie lenken von dem Ziel des Yoga ab, sich durch eine tiefe Meditation mit Gott zu vereinigen.

Yoga wird gern als eine »Technik« bezeichnet, und dieser Begriff verleitet zu der Annahme, daß beim Yoga etwas automatisch erreicht werden könne. Yoga ist jedoch keine »Abkürzung« zu Gott und Gotteserfahrung.

Yoga bedarf – wie jede Art der Askese in anderen religiösen Traditionen – großer Anstrengung. Er ist nicht »Gotteserfahrung leicht gemacht«. Dennoch ist Yoga, meine ich, wohlverstanden und sorgfältig eingeübt, ein Weg zu Gott, der unwidersprüchlich ist, der eine geistige Logik besitzt. Er ist ein Weg, auf dem wir keine Exzesse und keinen Fanatismus befürchten müssen. Mit feiner Unterscheidung führt er uns zu dem, was uns im tiefsten Sinn gut tut.

Francis Acharya unterrichtet zwei junge Mönche in seinem Zimmer

6. *Die Yoga-Sutras des Patanjali*

Ich sollte erwähnen, daß es nicht nur *einen* Yoga gibt, sondern mehrere Arten. Es ist darum ungenau, nur von »Yoga« zu sprechen. Jede Art des Yoga ist eine Methode, die zur Erfahrung Gottes führt. Bekannt sind der *Bhakti-Yoga*, die Methode der emotionalen Gottesliebe; *Karma-Yoga* ist die Methode des selbstlosen Dienens zum Wohl der Menschen, des uneigennützigen Handelns unter Menschen; *Jnana-Yoga* bemüht sich durch philosophisches Studium und intellektuelle Unterscheidungen, Gotteserfahrung zu bekommen.

Der körperliche Yoga heißt *Hatha-Yoga.* Er ist nur *ein* vorbereitender Schritt zur meditativen Versenkung. Alle weiteren Schritte sind in dem klassischen Yoga-Traktat, den *Yoga-Sutras,* des Patanjali beschrieben worden. In ihnen ist das Wissen von mehreren Jahrhunderten gesammelt und systematisch dargestellt worden. Patanjali lebte etwa zweihundert Jahre vor Christus.

Der Autor teilt sein Yoga-System in acht Stufen auf:

I. Verbote (*Yama*)
II. Vorschriften (*Niyama*)
III. Körperhaltungen (*Asana*)
IV. Atemkontrolle (*Pranayama*)
V. Einziehen der Sinnesorgane (*Pratyahara*)
VI. Konzentration (*Dharana*)
VII. Meditation (*Dhyana*)
VIII. Vereinigung (*Samadhi*)

Nur zwei Stufen (III. und IV.) umfassen den körperlichen Bereich des Menschen. Wichtig ist, daß »Verbote« und »Vorschriften« zu Beginn genannt sind – als Voraussetzungen für die folgenden Stufen. Das heißt: Nur wer in seinem Alltag unter Menschen – in Familie, Beruf und in der Gesellschaft – moralisch einwandfrei lebt, kann mit Einsicht und Gewinn Yoga üben.

7. Herzens- und Sinnenreinheit

Verbote und Vorschriften einhalten – also ein Leben führen, das moralisch einwandfrei ist – dient im Yoga vor allem zur Reinigung der Sinne, Gefühle und des Intellekts. Reinigung ist eine notwendige *Vorbereitung* zur Meditation. *Während* der Meditation geben wir jedoch sogar die Einhaltung von Verboten und Vorschriften auf, jede auch noch so gute, positive, hilfreiche Tätigkeit.

Um die Erfahrung Gottes in der Meditation zu machen, müssen wir alles geringere als Gott – für die Zeit der Meditation – zurücklassen. Dazu gehören auch alle guten Handlungen unter Menschen, alle liebenden, positiven Gedanken und Gefühle gegenüber Menschen, auch gegenüber sich selbst, und der Natur und Dingen in der Welt. Gott ist jenseits von Gut und Böse. Das wissen nicht nur die indischen Yogis, sondern auch die christlichen Mystiker.

Wenn Christen ein moralisches und verantwortungsvolles Leben führen, wollen sie es *heiligen,* um Gott in der Gesellschaft zu dienen und den Lohn des ewigen Lebens zu erhalten. Auch Hindus erkennen die Begriffe »Sünde« und »Verdienst« (für gute Werke) an und wissen, daß beide Konsequenzen in diesem Leben und im nächsten haben. Doch Patanjali begründet die Notwendigkeit von Verboten und Vorschriften konsequent *psychologisch.* Zu Anfang definiert er: »Yoga bedeutet, den Geist [in seinem ursprünglichen Zustand] (*Chitta*) daran zu hindern, Modifikationen anzunehmen.« (I,2)

Der Yogi strebt einen mentalen Zustand ohne Gedankeninhalt an. Gute Werke, Gedanken und Gefühle führen zu einer Reinigung und Beruhigung der Psyche, was dem Yogi hilft, seinen Geist zu entleeren. Bösartige Werke, gewalttätige Gedanken und Gefühle führen zu innerer Aufregung und Unruhe, die ein schlechter Ausgangspunkt zur Erlangung yogischer Gedankenleere sind und aus diesem Grund vermieden werden sollen.

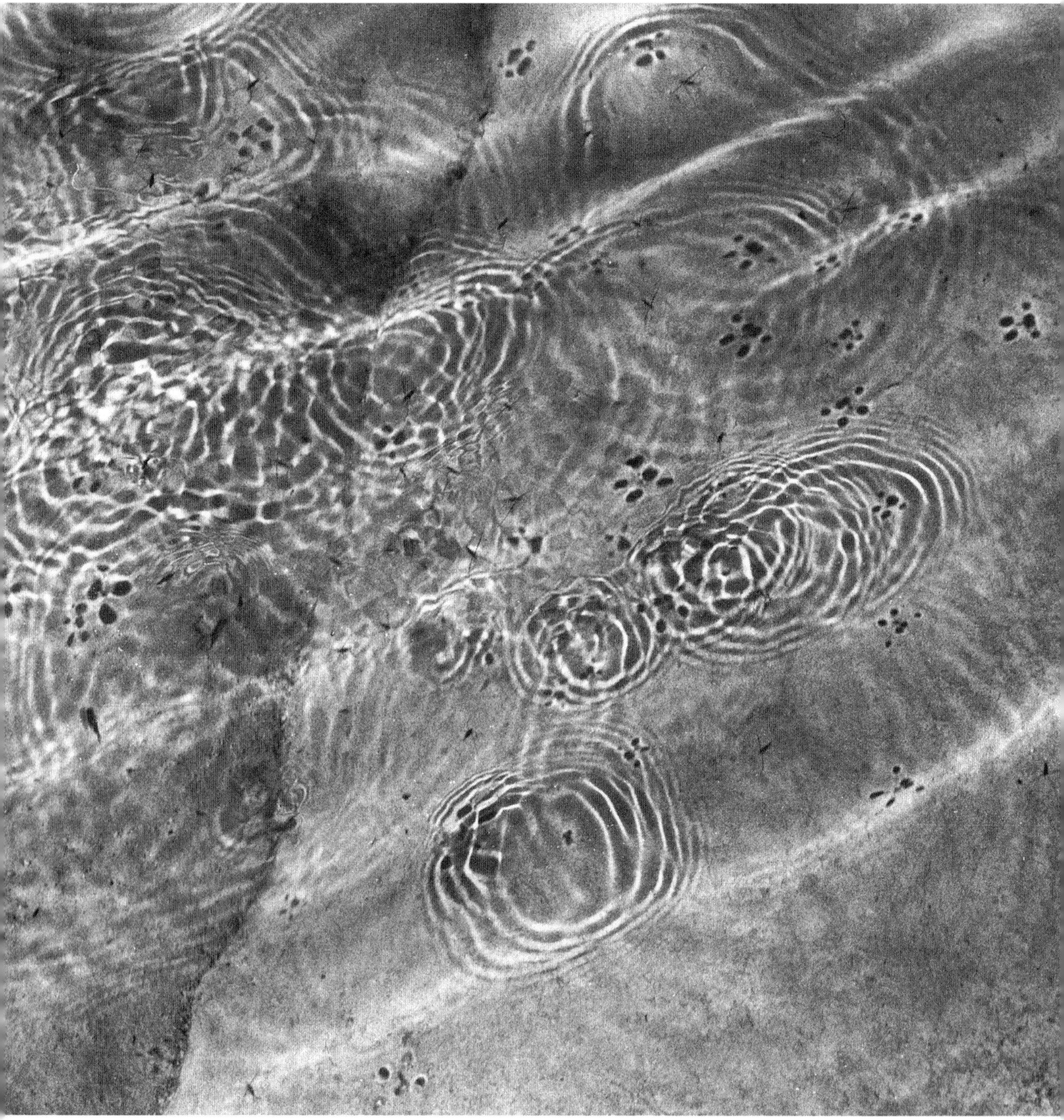

8. Konzentration

Die Meister vergleichen den gedankenleeren Geist (*Chitta*) mit einem See, dessen Oberfläche ruhig und glatt ist. Sobald ein Windstoß die Oberfläche trifft, kräuselt sie sich; wenn ein Stein in den See fällt, bewegt eine Welle das Wasser, die viele weitere Wellen verursacht. Ebenso: Wenn ein Gedanke den gedankenleeren Geist trifft, entsteht eine »Schwingung«, die nur langsam abklingt. Negative Werke, Gedanken und Gefühle versetzen den Geist in heftigere Schwingungen als positive, führen also weiter vom Urzustand weg und sind schwerer zu beruhigen.

Um die Schwingungen des Geistes so niedrig wie möglich zu halten, empfiehlt Patanjali positive Gedanken, Gefühle und Beschäftigungen wie Freundschaft, Barmherzigkeit, Freude, Gleichmut (I,32-33).

Patanjali rät sogar: Wer versucht ist, Negatives zu tun, zu denken oder zu fühlen, soll ihm *bewußt* mit positiven Werken, Gedanken und Gefühlen entgegentreten. Wer zum Beispiel eine Vibration des Ärgers spürt, soll sofort darauf mit Gefühlen der Güte reagieren.

Diese psychologischen Methoden helfen dem Yogi, sich zu entleeren und schließlich auf einen »Punkt« zu sammeln. Denn nicht die Leere ist das Ziel, sondern die Konzentration auf *einen* Gegenstand: Gott.

9. Ort und Zeit

Wer Yoga und Meditation übt, muß einen unverrückbaren Ort und eine unverrückbare Zeit festlegen. An diesem Platz sollen Sie zur vorbestimmten Zeit jeden Tag üben. Wählen Sie einen Ort, an dem Sie während der Übungszeit mit Sicherheit nicht gestört werden; schließen Sie wenn notwendig die Türe ab. Sie sollen genug Platz haben: etwa drei Meter in beide Richtungen. Die Unterlage auf dem Fußboden muß hart und ganz flach sein. Ein Teppich und eine Wolldecke darauf genügen. Sorgen Sie für viel frische Luft in dem Zimmer, in dem Sie üben. Ihre Kleidung soll leicht sein und den Körper nirgendwo beengen, damit Sie sich ungehindert bewegen und atmen können. In Europa ist ein Trainingsanzug die beste Yoga- Kleidung. Doch sollten Sie die Schuhe und am besten auch die Strümpfe ausziehen.

Wählen Sie zwei Übungszeiten pro Tag. Die günstigen Zeiten sind morgens sofort nach dem Aufstehen und Waschen und abends vor dem Abendessen. Doch kommt die Wahl sehr auf den individuellen Tagesrhythmus an. Niemals soll man jedoch nach einer Mahlzeit Yoga und Meditation üben, noch unmittelbar nach einer großen körperlichen oder geistigen Anstrengung . Idealerweise geht den Übungenzeiten eine Periode der Entspannung und Ruhe (Zeitungslesen, Spazierengehen) voraus. Die Abendmahlzeit sollte leicht sein, wenn Sie am nächsten Morgen sogleich nach dem Aufstehen zu üben beginnen.

Beginnen Sie mit einer relativ kurzen Zeitspanne, etwa mit zweimal zwanzig Minuten. Halten Sie diese Zeiten genau ein. Jeder in Ihrer Umgebung muß wissen, daß Sie zu diesen Zeiten »nicht anwesend« sind. Wer Geschmack auf Yoga und Meditation bekommt, wird die Übungszeiten von selbst ausdehnen.

Fühlen Sie sich niemals gehetzt und gedrängt; Sie dürfen niemals »schnell noch Yoga machen«. Bevor Sie das versuchen, lassen Sie lieber Yoga und Meditation einmal ausfallen.

10. Beginn der Yoga-Übungen

Die richtige innere Einstellung gegenüber den Yoga-Übungen und der Meditation ist ebenso wesentlich, wie die geeignete äußere Umgebung. Ich sagte schon, daß Konzentrationsfähigkeit ohne Muße geradezu unmöglich ist. Weiter:

Hängen Sie keinen Phantasien nach.

Sprechen Sie nie bei den Yoga-Übungen.

Machen Sie keine unnötigen Bewegungen.

Atmen Sie bewußt; beobachten Sie den Atem.

Sammeln Sie sich auf ihren Körper und seine Bewegungen.

Beginnen Sie die Übungen mit einem Gebet, das Sie stehend oder sitzend sprechen.

Ich lese gern Strophen aus einem Hymnus des *Atharva-Veda*, einer altindischen Sammlung, an den »Atem des Lebens«. »Atem« bedeutet hier nicht nur die Luft, die durch unsere Lungen geht, sondern auch das dynamische Lebensprinzip im Kosmos. Was lebt, bewegt sich – wie der Atem. Hier sind drei Strophen des Hymnus:

Wir huldigen dir, Atem des Lebens,
Wenn du kommst, wenn du gehst.
Wir huldigen dir im Stillstehen, im Sitzen.

Wir huldigen dir beim Einatmen.
Wir huldigen dir, Lebensatem, beim Ausatmen.
Wir huldigen dir, wenn du dich abwendest,
Wir huldigen dir, wenn du dich uns wieder zukehrst.
dir gebührt in allem, ja in allem Huldigung.

O Atem des Lebens, wende dich nicht ab von mir.
Ich selbst verschmelze mit dir.
Wie ein Lebenskeim im Wasser,
so umgebe und binde ich dich in mir, damit ich lebe.

11. *Die innere Einstellung*

Ich biete hier nur eine Handvoll von Grundübungen an. Denn bei Yoga ist es nicht wichtig, wie viele Übungen man absolviert; es ist nicht einmal besonders wichtig, wie gut man sie macht. Wie gesagt, auf die innere Einstellung kommt es an.

Führen Sie jede Bewegung langsam und bewußt aus. Verweilen Sie bei jeder Stufe einer Übung. Bleiben Sie etwa zehn Sekunden in der Endhaltung einer Übung.

Achten Sie auf Ihren Atem. Mit gewissen Bewegungen verbindet sich auf natürliche Weise das Einatmen oder Ausatmen. Wenn Sie bei einer Zwischenstufe oder in der Endhaltung verweilen, atmen Sie ruhig und bewußt ein und aus. »Bewußt atmen« heißt nicht, sehr tiefe Atemzüge machen.

Geben Sie das Perfektionsdenken auf. Keine der Übungen werden Sie von Anfang an »beherrschen«. Je nach Alter und Regelmäßigkeit Ihrer Bemühungen werden Sie jedoch bald spürbar Fortschritte machen. Das heißt, Sie werden die Übungen immer besser mit dem Körper vollziehen; wichtiger ist aber, daß Sie sich nach und nach bei jeder Übung *wohler* fühlen. Das ist der Beginn einer Körper-Seele-Intellekt-Integration.

Beachten Sie, daß Sie jede Übung jeweils nur so weit ausführen, wie es die Gelenkigkeit der Glieder erlaubt. Nichts beim Yoga darf schmerzen.

Bei den folgenden Übungen biete ich häufig Vorübungen, Varianten und Zusatzübungen an. Das heißt nicht, daß Sie alles durchexerzieren müssen. Gewiß, zu Beginn soll man ausprobieren und dadurch herausfinden, was einem individuell gut tut. Im Lauf einiger Monate erkennen Sie, welche Übungen für Sie wichtig sind und Sie werden sich Ihr eigenes Übungsprogramm zusammenstellen.

12. Entspannungshaltung (Savasana)

Nach dem Gebet legen wir uns zur Entspannung flach auf den Rücken (ohne Kopfkissen). Mit dieser Körperhaltung beginnen Sie jede Übung. Die Beine sind leicht gespreizt; die Arme sind ein wenig vom Körper weggestreckt, die Handflächen nach oben. Schließen Sie die Augen.

Entspannen Sie sich: Stellen Sie sich vor, Sie sinken tief in den Boden, als ob Sie eins würden mit dem Boden, der Erde. Fühlen Sie sich immer tiefer sinken...

Entspannen Sie jeden Teil des Körpers einzeln: Richten Sie Ihr *Bewußtsein* auf diesen Körperteil, füllen Sie ihn mit Bewußtsein bis Sie spüren, wie das Blut darin strömt. Richten Sie nacheinander Ihr Bewußtsein auf verschiedene Körperteile: erst auf den linken Fuß – dann den rechten Fuß – linken Unterschenkel – rechten Unterschenkel – linken Oberschenkel – rechten Oberschenkel. Und so weiter von unten nach oben.

Gehen Sie dann integrativ vor: Richten Sie Ihr Bewußtsein auf den linken Fuß – auf den rechten Fuß, dann auf beide gleichzeitig. Und so weiter von unten nach oben, bis der gesamte Körper mit Bewußtsein gefüllt ist.

Lassen Sie sich viel Zeit bei dieser Übung. Halten Sie das Bewußtsein in jedem Körperteil so lange, bis Sie spüren, wie das Blut strömt und pulsiert. Bewegen Sie sich nicht und atmen Sie ruhig und regelmäßig.

Nach fünf Minuten kommen die inneren Organe, die Nerven merklich zur Ruhe. Ein Wohlgefühl breitet sich im ganzen Körper aus, das natürlich auch das Denken und Fühlen beeinflußt.

13. Sitzhaltungen bei der Meditation

Der *Yogasitz* (Schneidersitz) mit gekreuzten Beinen ist für den Geübten eine bequeme und stabile Meditationshaltung. Der Oberkörper steht fest auf dem breiten Dreieck, das Gesäß und die beiden Oberschenkel bilden. Die Arme und Hände ruhen entspannt auf den Oberschenkeln.

Wer beim Yogasitz Sammlung erreichen will, ohne rasch zu ermüden, muß den Rücken durchgebogen und senkrecht halten; das Gewicht des gesamten Oberkörpers soll auf Gesäß und Hüften ruhen. Auf diese Weise wird keine Muskel unnötig strapaziert – der Oberkörper wird von der Wirbelsäule getragen. Durch Vor- und Zurückschieben des Gesäßes kann man jeweils den geeigneten Abstand zu den übereinandergeschlagenen Beinen herausfinden.

Der Yogasitz hat verschiedene Varianten. Die übliche Haltung ist: Der rechte Fuß liegt unter dem linken Unterschenkel und der linke Fuß liegt unter dem rechten Oberschenkel.

Schwieriger ist der *halbe Lotossitz*, bei dem der rechte Fuß auf dem linken Oberschenkel und der linke Fuß unter dem rechten Oberschenkel liegt. Der linke Fuß liegt dabei so weit nach hinten, daß die Ferse bis unter das Geschlechtsorgan geschoben wird; und der rechte Fuß wird in die Spalte zwischen dem linken Unter- und Oberschenkel eingedrückt.

Der *volle Lotossitz* ist für Langgeübte. Dabei liegen beide Füße, die Sohlen nach oben, auf den Oberschenkeln. Er ist schwierig; wer ihn aber lange Zeit ohne Gelenkschmerzen und Blutstauungen aushält, hat den Vorteil eines stabilen Meditationssitzes. Im Lotossitz ist die Dreiecks-Basis fest wie ein Fels. Der »Knoten« der Beine verrutscht nicht, selbst wenn man in dieser Haltung einen Kopfstand macht. Die Festigkeit des Sitzes ist beste Voraussetzung und das Symbol für eine konzentrierte Meditation.

14. Kerze (Sarvangasana)

Beginnen Sie mit der Entspannungshaltung.

Erste Vorübung: Legen Sie die Handflächen auf den Boden. Heben Sie langsam das gestreckte linke Bein so weit hoch, bis es beinahe senkrecht steht. Dabei muß das Becken auf dem Boden liegen bleiben. Senken Sie das linke Bein langsam. Machen Sie dieselbe Übung mit dem rechten Bein. Heben Sie dann beide Beine gleichzeitig. Entspannungshaltung.

Zweite Vorübung: Heben Sie die gestreckten, geschlossenen Beine und den Oberkörper langsam so weit hoch, bis das Gesäß in halber Höhe ist. Die Hände unterstützen den Körper am Gesäß, wobei die Ellbogen auf den Boden gestemmt sind. Der Körper soll vom Gesäß bis zu den Füßen senkrecht nach oben weisen. Entspannungshaltung.

Heben Sie beide Beine langsam gestreckt nach oben, drücken Sie dann den Oberkörper, von den Händen am Rücken unterstützt, so weit nach oben, daß von den Schultern bis zu den Füßen eine senkrechte Linie entsteht. Das Kinn ist fest an die Brust gedrückt. Die Hände sollen den Körper so weit unten (nahe bei den Schultern) wie möglich halten. Entspannungshaltung.

Variante: Schulterstand.

Heben Sie die gestreckten Beine hoch, dann Gesäß und Oberkörper, bis die Beine schräg über dem Kopf sind. Der Körper wird nur von Kopf und Schultern getragen. Versuchen Sie den Körper mit den Beinen im Gleichgewicht zu halten. Nehmen Sie dann die Hände vom Rücken weg und legen Sie sie leicht seitlich an die Oberschenkel. Die Arme sind zur Stabilisierung des Körpers nicht mehr notwendig. Die Beine dürfen nicht schwanken. Entspannungshaltung.

15. Rückenstreckhaltung (Paschimottanasana)

Vorübung: Entspannungshaltung. Setzen Sie sich auf, die Beine bleiben ausgestreckt. Winkeln Sie das linke Bein nach innen ab. Beugen Sie den ganzen Oberkörper mit gestreckten nach vorn gerichteten Armen langsam über das rechte ausgestreckte Bein. Atmen Sie dabei aus. Berühren Sie mit den Fingerspitzen die Zehen und mit der Stirn das Knie.

Machen Sie dieselbe Übung mit dem rechten Bein. Entspannungshaltung.

Erste Stufe: Entspannungshaltung. Setzen Sie sich auf, die Beine bleiben ausgestreckt und geschlossen. Heben Sie die Arme über den Kopf (einatmen!) und beugen Sie den Oberkörper nach vorn (ausatmen!), bis die Fingerspitzen die Zehen berühren. Versuchen Sie dabei sanft, den Oberkörper so tief wie möglich zu den Beinen hinunterzudrücken.

Zweite Stufe: Dieselbe Ausgangsstellung. Umfassen Sie beim Hinabbeugen (ausatmen!) mit beiden Händen die Unterschenkel von unten. Versuchen Sie dabei, mit der Stirn die Knie zu berühren. Drücken Sie sanft mit den Armen von unten und dem Oberkörper von oben, damit sich Stirn und Knie nähern.

Dritte Stufe: Dieselbe Ausgangsstellung. Umfassen Sie mit den Händen die Füße (die Unterarme liegen auf dem Boden auf) und drücken Sie die Stirn auf die Knie. Bleiben Sie eine Zeitlang in dieser Haltung. Entspannungshaltung.

16. Schlange (Bhujangasana)

Erste Variante: Entspannungshaltung. Legen Sie sich langgestreckt auf den Bauch, die Arme an den Körper angelegt. Stellen Sie dann die Hände neben die Brust und stemmen Sie langsam den Oberkörper hoch (einatmen!), aber nur so weit, daß der Nabel am Boden bleibt. Das Becken liegt fest auf dem Boden, nur der Rücken wird nach oben gebogen. Die Arme bleiben leicht angewinkelt. Legen Sie den Kopf in den Nacken und blicken Sie nach oben. Bleiben Sie etwa zehn Sekunden in dieser Haltung und atmen Sie ruhig ein und aus. Rückkehr zur Ausgangsstellung (ausatmen!).

Zweite Variante: Dieselbe Ausgangsstellung. Stemmen Sie langsam den Oberkörper hoch (einatmen!) bis die Arme ausgestreckt sind. Legen Sie den Kopf so weit in den Nacken wie möglich. Nur Oberschenkel und Füße berühren jetzt den Boden. Bleiben Sie etwa zehn Sekunden in dieser Haltung und atmen Sie ruhig ein und aus. Rückkehr zur Ausgangsstellung (ausatmen!).

Zusatzübung: BOGEN (Dhanurasana)

Dieselbe Ausgangsstellung. Spreizen Sie die Beine leicht und umfassen Sie fest die Fußknöchel mit den Händen. Ziehen Sie jetzt die Beine so weit wie möglich nach oben. Dabei bleiben die Beine ausgestreckt. Heben Sie gleichzeitig den Oberkörper und legen Sie den Kopf in den Nacken. Der Körper berührt den Boden nur noch in der Beckengegend. Bleiben Sie eine Zeitlang in dieser Haltung und atmen Sie ruhig ein und aus. Entspannungshaltung.

17. Halber Drehsitz (Ardha-Matsyendrasana)

Entspannungshaltung. Setzen Sie sich auf, die Beine bleiben ausgestreckt. Winkeln Sie das linke Bein zur rechten Seite ab, so daß die Ferse gegen die rechte Seite des Gesäßes anstößt. Stellen Sie das rechte Bein über das Knie des linken Beines. Der Fuß steht unmittelbar rechts neben dem Knie. Führen Sie den linken Arm rechts am hochgestellten Knie vorbei und umfassen Sie die Knöchel des rechten Fußes. Drehen Sie den ganzen Oberkörper nach rechts und führen Sie dabei den rechten Arm hinter dem Rücken vorbei, bis die Fingerspitzen auf dem linken Oberschenkel aufliegen. Drehen Sie auch den Kopf zur Seite und blicken Sie hinter sich.

Wiederholen Sie die Übung mit einer Körperdrehung nach links. Sie beginnen damit, das rechte Bein zur linken Seite abzuwinkeln und folgen den oben genannten Anweisungen »seitenverkehrt«. Entspannungshaltung.

Erste Stufe zum vollen Kopfstand (siehe S. 55, Nr. 19)

18. Kopfstand (Sirsasana) – Vorbereitung

Der Kopfstand ist von den Übungen, die ich Ihnen anbiete, die schwierigste, vielleicht aber auch jene, von der Sie auf die Dauer den größten Nutzen erhalten. So schreibt zum Beispiel der christliche Yoga-Meister J.-M. Déchanet über den Kopfstand:

»Von allen Yoga-Übungen ist diese die beeindruckendste. Sie erfordert Charakterstärke und Mut, denn man muß innere Widerstände überwinden, um Erfolg zu haben. Sie formt also den Charakter. Der Kopfstand beruhigt das Herz, denn es hat in dieser Haltung weniger Arbeit, hilft Erschöpfung überwinden und durchblutet das Gehirn. Er baut Angstgefühle ab und gibt jedem Übenden ein unfehlbares Gefühl für körperliches Gleichgewicht. Mit den Füßen in der Luft, den reglosen Körper nach oben gestreckt, fühlt man sich im Vollbesitz, in der Kontrolle seiner selbst. Ein Gefühl der Ruhe durchfließt einen. Für die Ängstlichen und Gehemmten ist das das Ende ihres schmerzlichen Minderwertigkeitskomplexes.«

Erste Vorübung: Damit Sie ein Gefühl für Körpergleichgewicht bekommen, machen wir zunächst die folgende einfache Übung: Hockstellung. Stellen Sie die Hände, Fingerspitzen nach vorn, vor sich nebeneinander auf den Boden. Die Ellbogen sind leicht angewinkelt. Legen Sie die Beine ein wenig unterhalb der Knie von außen an die Ellbogen. Kippen Sie nun den Oberkörper nach vorn, heben Sie die Füße vom Boden und balancieren Sie so den Oberkörper. Knie und Ellbogen drücken gegeneinander und tragen das Körpergewicht an den Druckstellen.

Zweite Vorübung: Dieselbe Übung; die Knie drücken jedoch gegen die Achseln und das Körpergewicht wird an den beiden Druckstellen getragen. Die Füße sind auf diese Weise weiter vom Boden entfernt als in der ersten Vorübung.

19. Kopfstand (Sirsasana) – Ausführung

Zu Anfang müssen Sie diese Übung an einer Wand ausprobieren. Das gibt Ihnen Sicherheit und verhindert Unfälle.

Legen Sie den vorderen Teil des Kopfes – oberhalb der Stirn – etwa dreißig Zentimeter von der Wand entfernt auf den Boden. Die Hände umfassen den Kopf, so daß die Finger in der Gegend des Kopfwirbels ineinandergreifen. Ellbogen und Arme und die Handkanten liegen fest auf dem Boden auf. Die Ellbogen und der Kopf bilden ein breitwinkeliges Dreieck.

Erste Stufe: Heben Sie Gesäß und Oberkörper, die Beine sind fast gestreckt. Nehmen Sie nun die Füße Stück für Stück nach vorn zum Kopf hin, bis die Oberschenkel die Brust berühren. Stoßen Sie sich leicht mit den Zehen vom Boden ab. Die Beine bleiben noch angewinkelt.

Zweite Stufe: Bleiben Sie in dieser Haltung und balancieren Sie den Körper; werden Sie sicher und zuversichtlich. Strecken Sie dann langsam die Beine nach oben. Zuletzt heben Sie den ganzen Körper senkrecht hoch, bis der Rücken ein wenig hohl ist. Am Anfang können Sie die Wand mit den Fersen und dem Rücken leicht berühren. Fortgeschrittene üben weiter von der Wand weg und berühren sie nur, wenn sie das Gleichgewicht nicht halten können. Später können Sie an Ihrem üblichen Platz, von der Wand entfernt, üben. Achten Sie darauf, daß die Beine gestreckt bleiben und so wenig wie möglich schwanken. Alle Schwankungen müssen Sie mit Kopf und Armen ausgleichen. Entspannen Sie Bauch und Rücken. Fühlen Sie, wie der Körper leicht wird, wie er beginnt, »in der Luft zu schwimmen«. Unser Bewußtsein verändert sich nach wenigen Augenblicken: Es wird heiter.

Wenn Sie die Füße wieder auf die Erde zurückbringen, lassen Sie sie nicht auf den Boden fallen. Kehren Sie so langsam auf den Boden zurück, wie Sie hinaufgestiegen sind; winkeln Sie die Beine an, drücken Sie die Oberschenkel gegen die Brust. Zurückgekehrt, bleiben Sie noch eine Weile mit dem Kopf auf dem Boden hocken. Entspannungshaltung.

20. Das Gebet des Körpers

Mit jeder Körperhaltung korrespondiert eine geistig-emotionale Haltung, auch eine gegenüber Gott. Versuchen Sie bei jeder Übung herauszufinden, welche Einstellung zu Gott die neue Körperhaltung ausdrücken kann. Hier liegt die organische Verbindung von körperlichem Yoga und Gebet mit Meditation. Ich nenne Yoga gern das »Gebet des Körpers«. Die Entspannungshaltung kann Demut und Wehrlosigkeit gegenüber Gott bedeuten. Die »Schlange« ist die Anstrengung des Menschen nach oben, in den göttlichen Bereich, zu gelangen. Der Lotossitz drückt felsenfeste Entschlossenheit aus, mit Gott in Berührung zu kommen. Der Kopfstand ist ein Vorgeschmack der inneren Freiheit, die bei Gott besteht... So erhält jede yogische Haltung und jeder körperlicher Bewegungsablauf einen Symbolgehalt, der uns als Geschöpfe auf den Schöpfer hin bezieht. Dieser Symbolgehalt muß nicht mit Namen bezeichnet werden; doch wir sollen für ihn offen sein, ihn während des Übens suchen und mit unserem ganzen Wesen ausfüllen. Das ist Gebet des Körpers.

Wer es nicht erträgt, bewegungslos längere Zeit Gebete zu sprechen oder wortlos zu meditieren, kann durch Yoga-Übungen seine Beziehung zu Gott erforschen. Bewegung ist für viele Menschen leichter und natürlicher, als Starrheit.

Idealerweise geht Yoga organisch in die Meditation über. Das heißt, Yoga ist geistig-körperliche Vorbereitung zur Meditation und bereits Teil von ihr. Wer Yoga geübt hat, befindet sich in der rechten geistigen Verfassung, um sich nun auch bewegungslos hinzusetzen, um zu meditieren. Darum beschäftigen wir uns in den nächsten Kapiteln mit der Meditation.

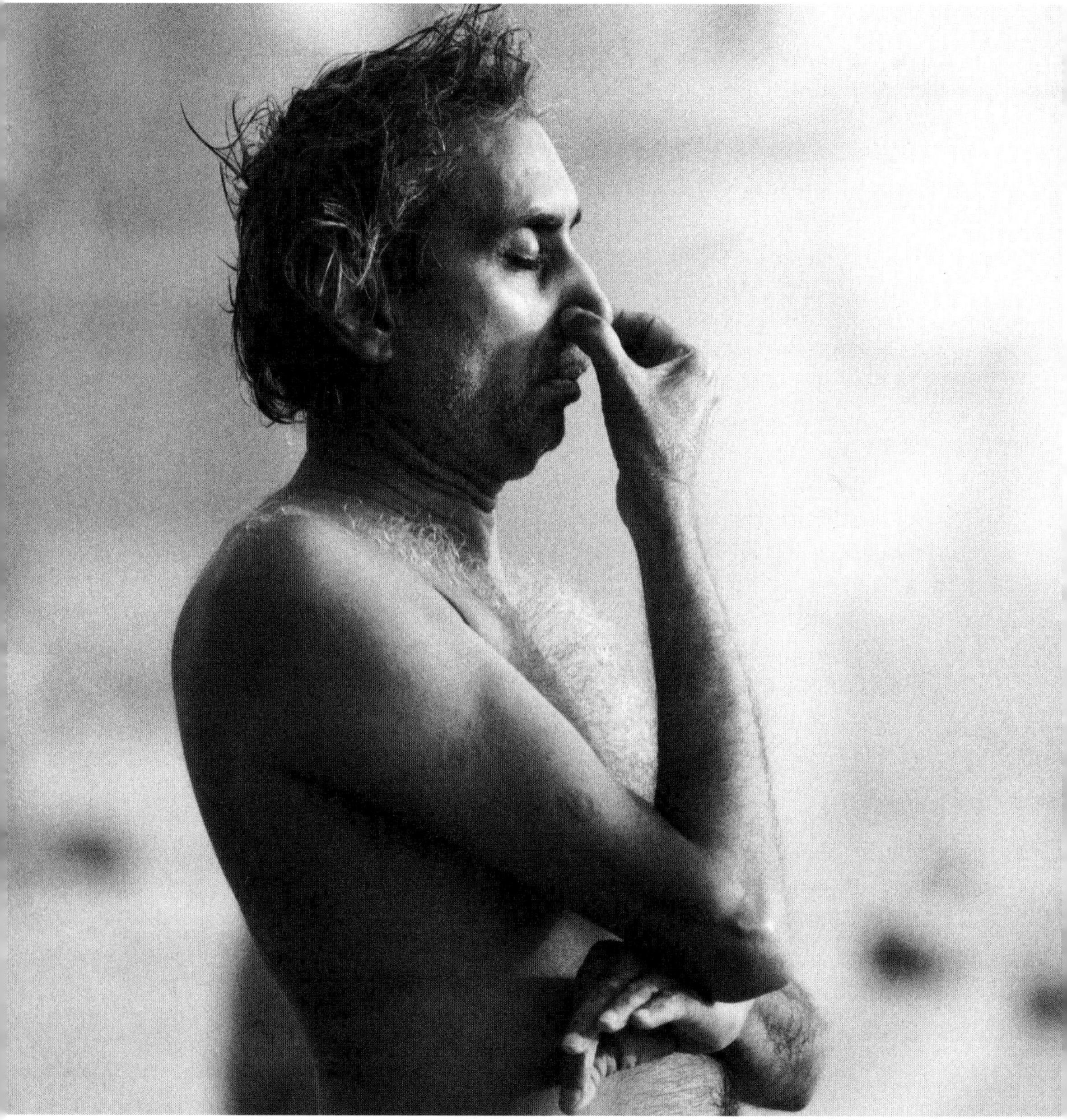

21. Der Atem

Nach Patanjali folgt den »Körperhaltungen« die »Atemkontrolle« als vierte Stufe des Yoga. Vom Atem haben wir schon häufig gesprochen. Zu Anfang haben wir in der altindischen Hymne an den »Atem des Lebens« den Atem als das Lebensprinzip gefeiert. Bei den Übungen haben wir darauf aufmerksam gemacht, daß erst das richtige Ein- und Ausatmen während der körperlichen Bewegungsabläufe den Yoga-Übungen ihren Nutzen gibt; »richtiges Ein- und Ausatmen« heißt jenes Atmen, das organisch die Bewegungsabläufe begleitet und unterstützt. Falsches Ein- und Ausatmen kann sogar schädlich sein.

Bei den Yoga-Übungen soll der Atem *bewußt* sein; das können wir vor allem in der Entspannungshaltung üben.

Übung: Entspannungshaltung. Wir legen die Hand auf den Bauch und atmen langsam und tief ein. Die Luft muß den Bauch füllen, die Bauchdecke muß sich also heben. Halten Sie die Luft eine Sekunde an und stoßen Sie sie dann wieder langsam und gründlich aus. Wiederholen Sie die Übung mehrmals.

Wohlgemerkt, das normale Atmen bei Yoga ist kein tiefes, angestrengtes Atmen, sondern es ist *leicht* und *rhyhtmisch* und *bewußt.* Das yogische Atmen ist stets *Bauch*atmung (nicht das flache Atmen durch die Brust) und geschieht bei geschlossenem Mund durch die *Nase.*

Üben Sie diese Atmung während des Yoga und den Meditationszeiten. Versuchen Sie, diese Atmung nach und nach auch tagsüber, bei Arbeit und Essen, beim Gehen und Sitzen und Liegen anzuwenden. Sie werden bald den Unterschied spüren: Ihr Bewußtsein wird klarer und wacher, die Gedanken werden geordneter, die Gefühle bleiben kontrolliert und insgesamt werden Sie tatkräftiger und belastbarer.

Ich verzichte hier auf andere, spezifischere, Atemübungen, die gefährlich werden können, macht man sie nicht unter der unmittelbaren Aufsicht eines Lehrers.

Gangesufer bei Benares

22. Die Gegenstände der Sinne

»Einziehen der Sinnesorgane« nennt Patanjali die fünfte Stufe des Yoga. Sie ist eine unmittelbare Vorbereitung auf und Bedingung für die Meditation. »Einziehen der Sinnesorgane« heißt, die Sinnesorgane von den Gegenständen der Sinne zu lösen. Gemeint sind hier nicht nur die fünf äußeren Sinne, sondern auch die inneren Sinne wie Vorstellung und Gedächtnis.

In der *Bhagavad-Gita* steht der schöne Vergleich:

> W*enn er [der Yogi], wie eine Schildkröte ihre Glieder,*
> *die Sinne allseits von den Sinnendingen abzieht,*
> *dann ist seine Erkenntnis wohlgegründet.*
> *Die Gegenstände wenden sich ab von der verkörperten Seele,*
> *die nichts mehr zu sich nimmt.*
> II,58f.

Wenn Sie einen spannenden Roman lesen, kann es geschehen, daß Sie »die Welt um sich vergessen«. Das heißt, Ihre Sinnesorgane nehmen vorhandene Sinnesdaten nicht auf. Die Uhr schlägt, ein Hund bellt, das Telefon klingelt – Sie hören nichts. Ebenso kann es mit Gerüchen, visuellen Gegenständen und Berührungen geschehen. Dieses »Einziehen« der Sinnesorgane ist hier nicht vom Willen gesteuert.

Sie können durch Übung aber erreichen, daß Sie sich *willentlich* von den Einflüssen der Außenwelt abschirmen. Wenn Sie während der Yoga-Übungen und der Meditation nicht mehr spüren, wie sich eine Fliege auf Ihr Gesicht setzt, dann haben Sie erreicht, was ich meine.

Wie gelingt das Einziehen der Sinnesorgane? Die einzige Antwort, die es gibt, heißt: Durch Einübung in die Konzentration. Das ist schon die sechste Stufe in Patanjalis Yoga.

23. Konzentration – Erster Teil

Eigentlich ist es Sache des Willens, ob man sich konzentrieren kann oder nicht. Doch hat der Yoga die Möglichkeiten des Körpers und der Psyche erforscht, die die Konzentration erleichtern. Resolute Willensakte haben meist ein Element der Gewalt. Und »sich Gewalt anzutun« mag zwar zu dem gewünschten Ziel führen, es tut aber dem Menschen nicht gut. Später wird diese gegen sich gerichtete Gewalt spürbar oder versteckt auf uns zurückfallen, etwa in Form von Lebenskrisen. Yoga sucht auch hier den Ausgleich, die sanfte Lösung.

Die Empfehlungen zu einem gesellschaftlich geordneten und nützlichen Leben, die körperlichen Yoga-Übungen bis hin zum »Gebet des Körpers«, das bewußte Atmen sind bereits wesentliche Hilfsmittel für die Konzentration. Denn wer gesellschaftlich- körperlich-seelisch-intellektuell in einer *Ordnung* lebt, der ist ganzmenschlich ruhig, beruhigt und braucht sich zur Konzentration nicht zu zwingen.

Übung: Setzen Sie sich in eine Meditationshaltung. Schließen Sie die Augen und lassen Sie unkontrolliert Ihre Gedanken und Gefühle weiterfließen und -springen. Beobachten Sie – wie ein Unbeteiligter – den unruhigen Strom der Gedanken und Gefühle.

Überlegen Sie, was Sie morgen tun wollen. Denken Sie an Ihre Pläne, Erwartungen und Wünsche im Beruf, im Familienleben für morgen, die nächsten Wochen und Monate, für die kommenden Jahre... Spüren Sie, wie diese *Wunsch-Sphäre* Sie wie eine Dunstglocke, wie ein Nebel umgibt, Sie einhüllt – die klare Sicht verstellt, Sie bedrängt und einengt, Ihnen die Luft zum Atmen nimmt, Sie geradezu zu erdrücken droht.

Halten Sie diese Vorstellung eine Weile aus.

24. Konzentration – Zweiter Teil

Fortsetzung der Übung: Schaffen Sie jetzt in Ihrer Vorstellung Distanz zwischen dieser *Wunsch-Sphäre* und Ihnen selbst. Erkennen Sie klar diese beiden als getrennt und unterschieden. Sagen Sie überzeugt, vielleicht sogar laut: Diese Wunsch-Sphäre ist nicht mein eigentliches Leben; sie gehört nicht wirklich zu mir. *In Wahrheit* bin ich FREI.

Wiederholen Sie diesen inneren Abtrennungsprozeß mehrmals, doch niemals mit heftigen Gefühlen.

Nach und nach werden die »Schwingungen« des Denkens und Fühlens weniger und flacher. Die Wunsch-Sphäre wird »wie von selbst« schwächer.

Das Ziel ist die »Armut im Geiste« der Seligpreisungen.

Noch einmal: Wenn Sie Konzentration suchen, gebrauchen Sie niemals Zwang und Gewalt. Seien Sie nicht verbissen und verkrampft. Wenn Sie eine Verkrampfung spüren, stehen Sie auf, gehen Sie ein wenig im Zimmer auf und ab, lenken Sie sich durch etwas Schönes ab (Musik, Bilder, ein Gedicht), machen Sie eine oder zwei Yoga-Übungen.

25. *Identifikationen*

Die indische Philosophie des *Vedanta* versichert uns immer wieder, daß wir in unserem Innersten und Wesentlichen ungebunden frei sind; gemeint ist die neutestamentliche »Freiheit der Gotteskinder«. Unsere Seele – der »göttliche Funken« in uns – fällt mit der großen Göttlichen Seele zusammen. Auch die christlichen Mystiker haben von der herrlichen Freiheit im heiligen Geist gesprochen, die nicht mehr »von dieser Welt« ist und ihnen als Krönung ihrer Bemühungen um Gotteserfahrung gegeben wurde.

Die Dunstglocke unserer Gedanken, Gefühle, Wünsche verdeckt uns die Weite dieser Freiheit. Wir *identifizieren* uns mit unseren Gedanken, Gefühlen und Wünschen. Sobald wir das tun, sind wir ihre Gefangenen; eine Bindung führt zur anderen in einer langen Kette von Identifikationen.

Ich bin ein »Vater« – also werde ich von meinem Selbstverständnis der Vaterschaft abhängig. Ich bin »Fußballspieler«, »Theaterliebhaber«, ich bin »Freund« oder »Freundin« eines anderen Menschen... Sobald ich mich auf diese Weise identifiziere, bin ich im Netz dieser Gedanken gefangen.

Ist es verwerflich, »Vater«, »Fußballerspieler«, »Theaterliebhaber«, »Freund« oder »Freundin« zu sein? Natürlich nicht. Also können auch diese Identifikationen nicht falsch sein. Nur eines: Sie dürfen nicht die *eine* wesentliche und entscheidende Identifikation verdecken: die mit unserer *Gotteskindschaft* – ja, mit Gott und seiner Freiheit. *Sie* muß alles überstrahlen, ihr müssen sich alle anderen Identifikationen unterordnen.

Im Johannesevangelium steht:

Allen aber, die ihn aufnahmen,
gab er Macht, Kinder Gottes zu werden,
allen, die an seinen Namen glauben,
die ... aus Gott geboren sind.
1,12f.

26. Wert positiver Gedanken und Vorstellungen

Christliche Mystiker empfehlen häufig, man solle, um zur Gotteserfahrung zu gelangen, Vorstellungen und Phantasien abwerfen, denn nur in restloser Selbstentblößung könne der Mensch am reinen Licht Gottes teilhaben. Das ist gewiß eine tiefe und echte Erfahrung. Jedoch versäumen die meisten Mystiker, uns konkrete Methoden zu lehren, wie wir zu dieser Selbstentblößung des Geistes gelangen, die nichts anderes ist als der »Geist in seinem ursprünglichen Zustand« (*Chitta*), wie sich Patanjali zu Beginn seiner *Yoga-Sutras* ausdrückt.

Zumindest die ersten Schritte zu dieser Selbstentblößung sind methodisch erlernbar. Die Hindu-Yogis haben sie gelehrt. Der Übende wird behutsam nach und nach an sein Ziel geführt. Psychologisch einfühlsam wird ihm geraten, gewisse Hilfsmittel zunächst zu benutzen, damit er sie später ablegen kann. Zuerst sind sie nützlich, später werden sie überflüssig und hinderlich.

So raten uns die Yogis, daß wir anfangs von unserer Phantasie Gebrauchen machen. Und zwar sollen wir schrittweise immer geistigere, Gott-ähnlichere Gedanken denken. Zuletzt wirft auch der Hindu seine Gedanken ab, wenn sogar der geistigste Gedanke hinderlich wird. Denn Gott und die Gotteserfahrung übersteigen jeden Gedanke und jede Vorstellung.

Wir können daraus dieses lernen: Denken Sie bewußt positive, geistige, kraftvolle, gesunde Gedanken.

Spüren Sie, wie schon nach wenigen Tagen das Traurige, Bedrückte, Morbide und Komplizierte in Ihnen schwächer wird – wie ein Schatten, der von der durchbrechenden Sonne aufgesogen wird.

27. Positive Gedanken und Vorstellungen – Übungen

Machen Sie einen Spaziergang in die Natur und blicken Sie zum Himmel. Wie weit er sich ausdehnt! Und hinter dem Horizont setzt er sich fort – unendlich. Füllen Sie Ihre Gedanken und Ihre Vorstellung mit dieser Unbegrenztheit, mit dieser Unendlichkeit.

Auch in der Stadt, wo der Himmel beengt und zerstückt ist, können Sie sich mit ähnlichen Gedanken und Vorstellungen beschäftigen. Zum Beispiel wenn Sie in einem Zimmer sitzen: Blicken Sie bewußt um sich und »entdecken« Sie alle Gegenstände im Zimmer, als sähen Sie sie zum erstenmal. Vor Ihnen steht der Tisch, dahinter ein Stuhl, hinter dem Stuhl hängt ein Bild an der Wand, dahinter ist die Wand mit Fenstern. Durch ein Fenster blickend sehen Sie ein Stück Mauervorsprung. Von dort blickt man auf ein Dach und über dem Dach sind Wolken.

Weiten Sie in Ihrer Vorstellung den Gesichtskreis noch mehr aus: Hinter den Wolken ist der Himmel. Und hinter dem Blau des Himmels? – Der Hindu würde antworten: Das Göttliche Bewußtsein. Wir können ebenso sagen: Dahinter ist das Unendliche, Ewige, die Fülle, der reine Gottesgeist, das »Wort Gottes«.

Lernen Sie, *symbolisch* zu empfinden: Nicht nur der Himmel ist Symbol des Unendlichen und Ewigen. *Alles* in Ihrer alltäglichen Umgebung kann Symbol des Göttlich-Unendlichen und -Ewigen werden. Blicken Sie zum Beispiel in eine leere Tasse. Ist der leere Raum darin nicht eigentlich auch grenzenlos? Kann Leere Grenzen haben? Ein Physiker wird widersprechen und uns die Maße nennen. Doch versuchen wir einmal, den Raum zu halbieren und die Hälften noch einmal zu halbieren und so immer weiter... Wir kommen an kein Ende; immer bleibt ein Rest, der halbierbar ist. Auf diese Weise lernen wir die Unbegrenztheit des Begrenzten erfassen.

Meister Eckehart lehrt uns, die »Dinge aufzubrechen« – das heißt, ihnen ihre Dinglichkeit zu nehmen, um sie als geistige Wesenheiten zu erkennen.

28. *Meditation – Brauchen wir einen Lehrer?*

Die beiden letzten Stufen in Patanjalis Yoga-System heißen Meditation (*Dhyana*) und Vereinigung (*Samadhi*). Meditation ist im Grunde nichts anderes als der dauerhafte, habituelle Zustand der Konzentration.

Die indische Spiritualität hat eine große Anzahl verschiedener Arten von Meditation entwickelt, viele Methoden und Hilfsmittel angeboten. Darauf können wir hier nicht eingehen. Wir stellen eine Art der Meditationspraxis dar, die auch für einen Christen angemessen und zugänglich ist. Wir bieten dabei einige äußere Hilfsmittel an und weisen auf einige typische Schwierigkeiten hin. Letzten Ende muß jeder Übende selbst entdecken, welche Art der Meditation seinem Temperament und seiner Weise der Gottesbeziehung am ehesten entspricht.

Ein Lehrer oder Meister kann helfen, die richtige Wahl zu treffen und den gewählten Weg richtig weiterzugehen. Wer keinen Lehrer hat, sollte jedoch nicht die Zeit damit verschwenden, auf einen zu warten, sondern allein oder in einer Gruppe von Interessierten beginnen zu üben. Der wahre Lehrer ist keine Person, sondern der heilige Geist, die göttliche Gnade.

Patanjali spricht so gut wie gar nicht über Gnade als Voraussetzung für die Vereinigung mit Gott. Er schließt sie allerdings auch nicht aus. Ihm geht es in seinen *Yoga- Sutras* hauptsächlich um die psychologische Hinführung zur Vereinigung.

Ein indisches Sprichwort heißt: »Es gibt Tausende von Lehrern, aber nur wenige Schüler.« Anstatt uns also bei der Suche nach einem Lehrer zu verlieren, sollten wir uns darauf konzentrieren, wahre Schüler zu werden: offen für das Neue, entschlossen, die Meditation in unser Leben zu integrieren, und unser Leben in die Meditation zu integrieren... Wer die Schülerschaft zu »meistern« versucht, dem hilft der heilige Geist auf die eine oder andere Weise weiter.

29. Der Strom der Meditation

»Einziehen der Sinnesorgane« bedeutete, daß die Sinneswahrnehmungen, einschließlich Denken und Fühlen, von den äußeren und inneren Sinnesobjekten abgelöst werden. Dadurch ist »Konzentration« möglich, das heißt die Ausrichtung des Denkens und Fühlens auf einen Punkt. Die Vielfalt und Verschiedenheit und das Durcheinander der Denk- und Fühlströme wird schwächer und vereint sich allmählich zu *einem* Strom, der in *eine* Richtung fließt. Das ist »Meditation«. In der Meditation ist immer noch dieser gerichtete Strom und der Punkt, zu dem sie strömt, vorhanden. In der »Vereinigung« hört auch dieser Strom auf. Er setzte die Polarität von Meditierendem und dem »Objekt« der Meditation voraus. In der »Vereinigung« fallen Meditierender und »Objekt« der Meditation zusammen. Sie werden – für den Augenblick der Meditation – miteinander eins. Das ist die *unio mystica* der christlichen Mystiker.

30. Der »Punkt« der Meditation

Der »Punkt«, auf den der Strom der Meditation gerichtet ist, kann im Innern sein oder außerhalb, er ist entweder materiell-sichtbar oder ein »Punkt« in der Vorstellung.

Viele Yogis raten zur Konzentration auf die *Stirnmitte*. Der Übende schließt dabei die Augen, richtet sein Bewußtsein auf die Stirnmitte und hält es dort fest. Es wird ihm helfen, vorher seinen Daumen fest auf die Stirnmitte zu drücken, damit der Meditationspunkt zunächst physisch spürbar wird und leichter verinnerlicht werden kann.

Wir können uns besser auf äußere materielle Dinge sammeln, als auf vorgestellte, nur im Bewußtsein vorhandene »Punkte«. Ich rate Ihnen darum, sich zunächst einen *sakralen Gegenstand*, ein *heiliges* oder *symbolische Zeichen* auszuwählen, es bei der Meditation vor sich hinzustellen und darauf den Strom der Meditation zu richten. Dieser Gegenstand soll so vor uns plaziert sein, daß der Blick bequem darauf fällt – also nicht so niedrig, daß wir den Kopf senken müssen; noch zu nahe vor den Augen oder zu fern.

Das kann für Christen ein *Kreuz* sein oder ein *Bild von Christus*; es kann eines der symbolischen Darstellungen Christi oder des Göttlichen sein, etwa die Buchstaben *Alpha und Omega*, oder das ☧. Viele von Ihnen werden leichter zur Meditation finden, wenn sie keine ausgesprochen christlichen Zeichen nehmen, sondern geistige Symbole wie eine *Blume*, einen *Kreis*, ein *Licht*. Eine *Flamme* ist vielfältig christlich ausdeutbar. Trotzdem bleibt sie offen in ihrem Symbolgehalt und kann darum unmittelbarer ins Transzendente weisen.

31. Der Rahmen der Meditation

Probieren Sie aus, vor welchem Bild oder Symbol Ihre Meditation leicht und tief wird. Nicht jeden wird die Flammen-Meditation ansprechen.

Ich erinnere Sie daran, daß Zeit und Ort der Meditation »stimmen« sollen. Das heißt, setzen Sie sich immer zu denselben Zeiten und an denselben Ort zur Meditation. Halten Sie, wenn es eben möglich ist, den Ort der Meditation von dem alltäglichen Wohnbereich getrennt. Halten Sie diesen Ort rein und schmücken Sie ihn täglich. Hier können Sie die Bilder von Christus und von Heiligen aufhängen oder aufstellen, die Ihnen besonders gefallen. Wenn Sie Weihrauch-Stäbchen oder Weihrauch-Körner haben, brennen Sie sie an diesem Ort täglich während der Yoga-Übungen und der Meditation ab.

An diesem Ort soll niemand essen oder rauchen, Zeitung lesen oder Radio hören und fernsehen.

Dieser Ort soll eine Atmosphäre der Heiligkeit erhalten, so daß Sie, treten Sie in sie hinein, schon dadurch Ihre Gedanken und Gefühle leichter auf Gott sammeln können. Wenn Sie traurig sind, oder besorgt oder unentschieden oder verwirrt, soll Ihnen das stille Niedersetzen am Ort der Meditation schon ein wenig Beruhigung und Klärung bringen.

Achten Sie darauf, daß Sie während der Yoga-Übungen und der Meditation eine Kleidung tragen, die Sie ausschließlich für diesen Zweck benutzen. Sie soll immer sehr sauber sein. Verwahren Sie diese Kleider tagsüber am Ort der Meditation.

Dunkeln Sie das Zimmer während der Yoga-Übungen und der Meditation ab. Lassen Sie aber eine schwache Lampe oder eine Kerze brennen, wenn es draußen Nacht ist.

Diese und ähnliche Vorkehrungen und Vorbereitungen sind hilfreich. Ich warne Sie jedoch davor, diesen Rahmen zu ritualisieren. Er soll streng zielgerichtet auf eine gute Meditation bleiben.

Händewaschen nach der Mahlzeit

32. Eingewebt in innere und äußere Harmonien

Sie haben Yoga geübt, mit dem Körper gebetet. Körper, Gefühl und Denken haben sich beruhigt. Das ist schon Teil der Meditation gewesen. Setzen Sie sich jetzt in einer der (zu Anfang charakterisierten) Haltungen hin, um Ihre Meditation zu vertiefen. Sie »transzendieren« nun Ihren Körper und seine Haltungen, um sich auf ein Bild oder ein äußeres Symbol zu sammeln.

Zur Vorbereitung verneigen Sie sich zunächst vor dem Bild oder Symbol mit *Ehrfurcht*. Nun haben Sie sich aktiv dazu in Beziehung gesetzt. *Öffnen* Sie Ihren Körper zu Bild oder Symbol hin, indem Sie die Handflächen, nach oben offen, auf den Oberschenkeln ruhen lassen.

Sprechen Sie leise eine Anrufung; etwa:

Laß alle Geschöpfe glücklich sein!
Gib der ganzen Schöpfung Frieden!
Schenke dem gesamten Kosmos Glückseligkeit!

Oder wählen Sie die Worte des Evangeliums:

Christus, du bist der Weg!
Christus, du bist die Wahrheit!
Christus, du bist das Leben!
Christus, du bist der Frieden der ganzen Welt!

Auf diese Weise versöhnen Sie sich mit den Mitmenschen, mit allen Geschöpfen, auch mit der scheinbar leblosen Schöpfung, sogar mit den großen kosmischen Wirklichkeiten. Erneuern Sie durch einen inneren Akt die Liebe zu und Freundschaft mit allen Menschen.

Ruhig und harmonisch geworden, eingewebt in die äußeren Harmonien kann Sie nichts mehr hindern, sich auf das Bild oder Symbol Gottes zu sammeln. Alles wird nun beitragen, daß Sie ins Geheimnis Gottes dringen.

33. Meditation der Flamme

Die Flamme einer Kerze oder Öllampe ist ideal für jene, die sich in die Meditation einüben. Eine Flamme bewegt sich leicht, strahlt Licht und Wärme aus – sie »lebt«. Sie strebt aufwärts, »himmel-wärts«, sie verströmt sich nach oben. Eine Flamme hat Substanz; und doch ist sie nicht faßbar – sie ist ebenso »geistig« wie substantiell.

Diese vielfältigen Assoziationsmöglichkeiten machen die Flamme ideal als Meditationsgegenstand. Sie können sie entweder einfach – das heißt ohne über sie nachzudenken und sie mit etwas anderem zu assoziieren – betrachten; das ist Absicht und Ziel der Meditation. Aber wem das (noch) nicht möglich ist, weil die Gedanken zu aktiv sind, kann (zunächst) über die sakralen Bedeutungen der Flamme reflektieren und auf diese Weise die Flamme »verinnerlichen«, sich in sie als Meditationsgegenstand vertiefen.

Oder Sie betrachten zunächst die feinen Bewegungen der Flamme: wie sie nach oben züngelt, vor jedem Lufthauch zurückweicht.

Dann schließen Sie die Augen und stellen sich die Flamme mit Ihrem inneren Auge vor: den Umriß der Flamme, sein Licht, sein Ausstrahlen. Sammeln Sie sich ganz auf die Flamme; verströmen Sie sich in die Flamme hinein…

Nach einer Weile merken Sie, wie sich die Aufmerksamkeit von den Einzelheiten der Flamme löst und Sie nur die Helligkeit wahrnehmen.

Tendenz der Meditation ist, vom Konkreten zum Abstrakten, vom Abstrakten zum Transzendenten fortzuschreiten.

Bleiben Sie in der Wahrnehmung der Helligkeit so einfach und so lange wie möglich.

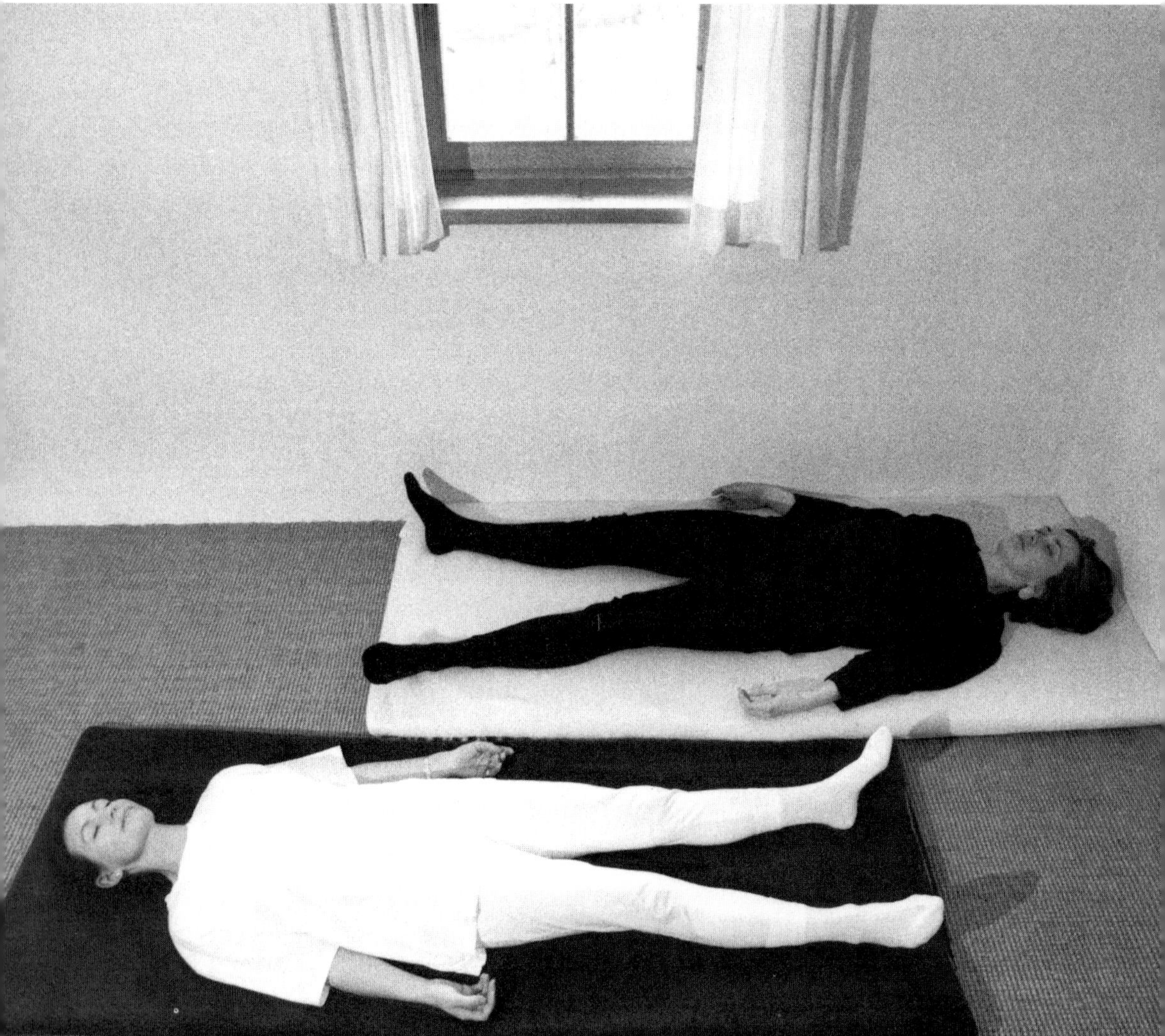

34. Nach der Meditation

Bleiben Sie nach der Meditation noch zwei Minuten ruhig, vielleicht in lockerer, weniger disziplinierter Haltung sitzen oder nehmen Sie die Entspannungshaltung der Yoga-Übungen ein.

Wenn Sie aufstehen, die Kleider wechseln und den Bereich der Meditation verlassen, sollten Sie nicht sofort in den Alltag zurückkehren. Erlauben Sie sich eine Übergangszeit von wenigstens zehn Minuten. Machen Sie einen Spaziergang, gehen Sie im Zimmer auf und ab, setzen Sie sich still auf einen Stuhl.

Vermeiden Sie es vor allem, unmittelbar nach der Meditation zu essen, mit anderen Menschen viel zu sprechen und angestrengt intellektuell tätig zu sein.

Lassen Sie die Meditation so lang wie möglich ausklingen, in den Alltag einschwingen. Versuchen Sie, den »Rhythmus«, die »Vibrationen« der Meditation in den Alltag hineinzutragen.

III. Anstöße zur Wortmeditation

ÜBUNGSKURS 35-47

Francis Acharya lehrt

35. Die Bedeutung der Wortmeditation (Upasana)

Im Anfang war das Wort
und das Wort war bei Gott,
und das Wort war Gott. …
Durch das Wort ist alles geworden…
Jo 1,3

Wir erfahren von Gott zuerst durch das Wort: durch die gemeinsamen Gebete mit der Mutter, die Erzählungen des Vaters, den Gottesdienst des Priesters und Pastors, den Unterricht über das »Wort Gottes« in der Schule. Zuerst hören wir von Gott durch das Wort, danach erst können versuchen, ihn in der Natur, unter den Mitmenschen, in uns selbst, in seiner Schöpfung zu erfahren.

In einer frühen heiligen Schrift der Hindus, der *Brihadaranyaka Upanishad*, heißt es:

Das Selbst soll erfahren werden: Man soll von ihm hören,
über es nachdenken und über es meditieren.
In der Erfahrung des Selbst … durch Hören, Nachdenken und Meditieren
wird alles erfahren.
II.4.5

In der christlichen Tradition kennen wir einen ähnlichen Dreischritt: *lectio divina – meditatio – contemplatio.* Das ist das Lesen der heiligen Schrift, das Nachdenken darüber und die Kontemplation.

Bloßes Hören und vernunftmäßiges Erfassen des Wortes genügt nicht, um es anzuwenden, in uns wirksam zu machen. Das Gehörte muß tiefer integriert werden, durch betendes Nachdenken und wiederholtes Nachlesen, durch Gespräche, durch Einsamkeit und Muße… Vor allem aber durch das *Gebet um Gnade.* Auf diese Weise wächst nach und nach, zuerst unmerklich, eine Überzeugung.

Ist der Verstand überzeugt, besitzt das Herz den Mut und die Ausdauer weiterzugehen: zur *contemplatio.*

Blick vom Ashram

36. Contemplatio

Die Kontemplation ist eine Vorausnahme, ein Vorgeschmack unserer Erlösung: »Die Worte, die ich zu euch gesprochen habe, sind Geist und Leben.« (Jo 6,63)

Die Meditation schlägt einen göttlichen Funken, der unser Herz berührt und entflammt, wie einen Docht, an den man Feuer hält. So wird Meditation zur Kontemplation.

Meditation bedeutet: ein »Wort des Lebens« entdecken, das uns hilft. Jeder einzelne Mensch braucht sein besonderes »Wort des Lebens«, das ihn zur Kontemplation inspiriert.

Für uns Christen bedeutet Kontemplation auch: unsere göttliche Ebenbildlichkeit erkennen.

Die Frucht der Kontemplation ist ein neues Leben; der heilige Geist gießt darin die Liebe Gottes in unsere Herzen aus. In diesem neuen Leben ist jede Wahrnehmung, jede Erfahrung bereits Kontemplation. Aus tausend Richtungen kommen alltägliche Ereignisse, mitmenschliche und innermenschliche Spannungen, Sorgen, Konflikte, Erfahrungen der Freude, Erlebnisse des Erfolgs und der Bestätigung auf uns zu: Sie werden in die Kontemplation hineingenommen und in ihr verwandelt.

Die Wortmeditation dient nicht dem Wunsch nach Wissen oder Geltung. Sie analysiert nicht, betreibt keine Exegese; biblische Exegese gehört ins Vorfeld der Wortmeditation. Diese versucht, die Dinge im Licht ihrer Beziehungen zu den letzten Wahrheiten zu erkennen.

Schließlich bemüht sich die Wortmeditation um *metanoia*, innerer Umwandlung, die in der Kontemplation vollzogen ist und fruchtbar wird. Die Persönlichkeit entfaltet sich, wird veredelt, blüht auf. Erst wenn die Persönlichkeit gereinigt und verfeinert ist, erwacht in ihr die Erfahrung Gottes, die Kontemplation.

Satsang am Abend

37. Wie geschieht Wortmeditation?

Abends nach der Arbeit setzen wir uns im Kreis zusammen. Der Raum soll sauber und geschmückt sein. Ein Kreuz, ein Christusbild oder eine Statue wird die Atmosphäre des Raums verdichten. Wir reden nicht mehr miteinander und sammeln uns. Gemeinsam sprechen wir ein Gebet. Einer, der die Meditation leitet, vielleicht der Älteste, beginnt mit der Schriftlesung. Langsam und nachdenklich liest er einen Abschnitt vor. Er soll höchstens eine Seite sein.

Eine Zeit der Stille folgt.

Vielleicht stellen ein oder zwei Teilnehmer Fragen. Der Meditationsleiter oder andere sollen antworten ohne Eitelkeit des Wissens und ohne Scheu. Sie sagen offen, was sie selbst nicht verstehen. Vielleicht bittet einer: Lies noch einmal vor!

Jeder Teilnehmer kann seine Reaktionen und Empfindungen zum Text ausdrücken. Ohne Wichtigtuerei, allein im Dienst einer gemeinsamen Suche nach Wahrheit und Kontemplation. Diese Beiträge werden ruhig vorgetragen; auf sie folgen Pausen der Stille.

Wichtig ist eine Atmosphäre des Friedens und der Gemeinschaft. In der Wortmeditation richtet sich unsere Sammlung nämlich nicht nur auf die Erfahrung Gottes, sondern auch auf die Gemeinschaft. Wir müssen uns ihr ohne Vorbehalt öffnen, um getragen von der Gemeinschaft die Kontemplation zu erreichen.

Eine gemeinsam gesprochene oder gesungene Litanei, ein gregorianischer Gesang, ein Lied können die Wortmeditation unterbrechen. Spontaneität in der Reihenfolge der einzelnen Teile der Wortmeditation soll bewahrt bleiben.

Lassen Sie sich vom Wort Gottes ergreifen! Öffnen Sie sich dem heiligen Geist weit. Gott hat nicht nur zur Zeit der Propheten zu uns gesprochen – er spricht heute noch zu uns!

Christusstatue auf dem Kurisumala

38. Meditationsthema: Gott ist Liebe

Wir verkündigen…, was kein Auge gesehen und kein Ohr gehört hat,
was keinem Menschen in den Sinn gekommen ist:
das Große, das Gott denen bereitet hat, die ihn lieben.
Wir aber haben nicht den Geist der Welt empfangen,
sondern den Geist, der aus Gott stammt, damit wir das erkennen,
was uns von Gott geschenkt worden ist.
1 Kor 2,9;12

Die Liebe Gottes ist ausgegossen in unsere Herzen
durch den Heiligen Geist, der uns gegeben ist.
Röm 5,5

Liebe bindet, Liebe drängt zur Einheit. …Denn Liebe ist Leben,
ist Gott selbst. Alle Liebe ist die Manifestation dieser Einen Liebe,
die sich einmal deutlicher, einmal weniger deutlich ausdrückt.
Es gibt Gradunterschiede,
doch alle Liebe ist die Manifestation der Einen Liebe.
Darum müssen wir bei allen unseren Handlungen überlegen,
ob sie zur Unterschiedenheit oder zur Einheit beitragen.
Swami Vivekananda

Gott offenbart sich denen, die ihn lieben. Er offenbart sich als Gott der Liebe.

Der heilige Geist bewegt unsere Herzen mit der Liebe Gottes. Sie treibt uns zu allem Großen an.

Um Gott zu erfahren, müssen wir uns ihm angleichen, müssen wir einen »Geist aus Gott« empfangen. Nur Gleiches kann Gleiches erkennen.

Liebe drängt zur Vereinigung, zur Einheit; Gott als der Eine, in den alles mündet. Dynamik der göttlichen Liebe.

39. Meditationsthema: Gott ist Geist

Der Herr aber ist der Geist, und wo der Geist des Herrn wirkt,
da ist Freiheit.
2 Kor 3,17

Denn das Gesetz des Geistes und des Lebens in Christus
Jesus hat dich frei gemacht vom Gesetz der Sünde und des Todes.
Röm 8,2

Offenbar und doch verborgen
regt Es sich in der Höhle des Herzens,
genannt »der höchste Ort«.
In Ihm hat alles seinen Bestand,
was sich bewegt und atmet und die Augen öffnet.
Erkenne Ihn als Sein und Nichtsein,
als den Gegenstand der Sehnsucht:
Er, das höchste aller Wesen,
jenseits allem Erkennen.
Das Leuchtende, feiner als das Feinste,
in dem alle Welten enthalten sind und all ihre Bewohner:
Dieses ist das unvergängliche Absolute [Brahman],
es ist (auch) Atem, Wort und Geist.
Es ist Wahrheit und Unsterblichkeit.
Dies ist das Ziel, das zu durchdringen ist,
durchdringe es, mein Lieber!
Mundaka Upanishad II,2,1f.

Gott ist Geist; das Wesen des Geistes ist grenzenlose, unfaßbare Freiheit. Daran lädt Gott uns ein, teilzuhaben (die »Freiheit der Kinder Gottes«). Mut, innere Kraft, radikale Lösung vom konventionellen Leben sind die Voraussetzungen.

Gott als Geist hat viele Namen, weil der Geist überall eindringt und alles ausfüllt. Er ist »Sein und Nichtsein«.

Abendgebet

40. Meditationsthema: Hingabe an Gott

Wenn ich in den Sprachen der Menschen und Engel redete,
hätte aber die Liebe nicht,
wäre ich dröhnendes Erz oder eine lärmende Pauke.
Die Liebe ist langmütig,
die Liebe ist gütig.
Sie ereifert sich nicht,
sie prahlt nicht,
sie bläht sich nicht auf.
1 Kor 13,1;4

Wer keinen Haß hegt gegen jeglich Wesen,
freundschaftlich ist und mitleidsvoll,
für wen es »mein« und »Ich«-Gefühl nicht gibt,
der Duldsame, dem Freud und Leid gleichgültig sind,
wer stets geeint ist und zufrieden,
wer sich gezügelt hat, fest von Entschluß,
mit Denkkraft und Bewußtheit in mich übereignet,
wer an mir teilhat, der ist mir lieb.
Bhagavad-Gita XII,13f.

Voraussetzung der Liebe: Alles Gott aufopfern. (s. Mt 19,29)

»Bleibt auch nur ein Jota weltlicher Klugheit zurück, kann man Gott nicht schauen. Wenn Streichhölzer feucht sind, wirst du sie nie und nimmer entzünden können...« (Ramakrishna). – Das »dröhnende Erz« der »Weltlichkeit«.

Nicht nur Werke (Taten) Gott aufopfern, sondern Gott auch mit Gefühl und Verstand lieben. »Haltungen« der Liebe einüben.

Liebe zu Gott und Liebe zu den Menschen sind untrennbar: »Wer Gott liebt, soll auch seinen Bruder lieben.« (1 Jo 4,21) – »Wer keinen Haß hegt gegen jeglich Wesen...«, der hat an Gott teil.

41. Meditationsthema: Am Anfang war das Wort

Im Anfang war das Wort,
und das Wort war bei Gott,
und das Wort war Gott.
Im Anfang war es bei Gott.
Alles ist durch das Wort geworden…
Jo 1,1-3

O Gott des heiligen Wortes! Welches das Erste war,
das die Seher sprachen, als sie den namenlosen Dingen Namen gaben.
… Sie sind aufopfernd dem Pfad des Wortes gefolgt
und fanden es in den Herzen der Weisen verwahrt.
Sie nahmen es an und verteilten es unter viele.
Rig-Veda X,71,1;3

Es gibt zwei Bezeichnungen für den absoluten Gott [Brahman]:
das Wort und das Schweigen. Durch das Wort
wird das Schweigen geoffenbart. Dieses Wort ist OM.
Durch dieses Wort steigt (der Meditierende) auf
und findet im Schweigen Ruhe.
Maitri Upanishad VI,22

Die heilige Silbe OM ist das erste von Gott, welches sich beim Übergang vom Absoluten in die immanente, kosmische Sphäre (vom Unmanifestierten zum Manifestierten) offenbart. In diesem ersten Wort ist samenförmig die gesamte Schöpfung enthalten.

Logos und OM sind der reinste vom Menschenverstand erfaßbare Ausdruck Gottes. Darüber hinaus ist Gott Schweigen, das unfaßbare Mysterium.

»OM« kann man summen, singen, mit dem Ein- und Ausatmen verbinden. Atem ist elementares Leben. Verbindung von OM und Atem – Gott und unserem geschöpflichen Lebendigsein.

In der Ashram-Küche

42. Meditationsthema: Selbstloses Handeln

*Sorgt euch nicht um euer Leben und darum,
daß ihr etwas zu essen habt,
noch um euren Leib und darum, daß ihr etwas anzuziehen habt..
Sucht vor allem das Reich Gottes und seine Gerechtigkeit,
dann wird euch alles andere dazugegeben. Sorgt euch also nicht um morgen;
denn der morgige Tag wird für sich selbst sorgen.*
Mt 6,25;33f.

*Du bist zuständig nur für die Durchführung,
für die Ergebnisse niemals!
Also sei nicht durch die Ergebnisse einer Handlung motiviert,
aber klammere dich auch nicht an Handlungslosigkeit.
Verrichte deine Handlungen im Zustand der Einung
unter Aufgabe jeglicher Anklammerung,...
indem Erfolg und Mißerfolg dir gleich sind.*
Bhagavad-Gita II,47f.

Das Prinzip des selbstlosen Handelns: Handeln Sie, ohne sich an die Ergebnisse zu klammern. Sorgen Sie sich nicht um morgen. Wir müssen arbeiten, und zwar so gut wir können; doch sollen wir gleichmütig dem gegenüber bleiben, ob sich unsere Arbeit erfüllt, ob die Menschen sie anerkennen, ob sie zu Wohlstand führt. Wir tun, was wir tun müssen; der Rest ist in Gottes Hand.

Carpe diem! Nutze den Tag! Doch keine großen Pläne entwerfen. In Gottes Plänen Ruhe finden. (s.Psalm 131)

Selbstloses Handeln ist noch nicht genug. Wir müssen gute Werke im Glauben und in der Liebe wirken.

Den Ergebnissen unserer Handlungen entsagen. Dennoch: »An den Früchten werdet ihr sie erkennen.«

Francis Acharya in seinem Zimmer

43. Meditationsthema: Liebe verwandelt

Ihr habt gehört, daß gesagt worden ist: Auge für Auge und Zahn für Zahn. Ich aber sage euch: Leistet dem, der euch etwas Böses antut, keinen Widerstand, sondern wenn dich einer auf die rechte Wange schlägt, dann halt ihm auch die andere hin. … Ihr habt gehört, daß gesagt worden ist: Du sollst deinen Nächsten lieben und deinen Feind hassen. Ich aber sage euch: Liebt eure Feinde und betet für die, die euch verfolgen…
Mt 5, 38f.; 43f.

Es muß ein Glaubenssatz für jeden Kämpfer für die Wahrheit [Satyagrahi] sein, daß es keinen Menschen auf dieser Welt gibt, der so tief gefallen ist, daß er nicht durch Liebe bekehrt werden könnte. Ein Satyagrahi wird immer versuchen, Böses durch Gutes zu überwinden, Zorn durch Liebe, Unwahrheit durch Wahrheit, Gewalt durch Gewaltlosigkeit [Ahimsa]. Es gibt keine andere Möglichkeit, die Welt von dem Bösen zu reinigen.
Mahatma Gandhi

Das Verhältnis von Liebe und Wahrheit. Die Liebe »freut sich nicht über das Unrecht, sondern freut sich an der Wahrheit« (1 Kor 13,6). Warum ist zur verwandelnden Liebe Wahrheit notwendig?

»Leistet dem, der euch etwas Böses antut, keinen Widerstand …« – Was heißt das im Licht von Mahatma Gandhis Praxis der Gewaltlosigkeit?

Rolle der Tapferkeit in der Praxis der verwandelnden Liebe.

Kennen Sie Beispiele aus dem eigenen Leben, in denen »Böses durch Gutes« überwunden wurde? (»Böses durch Gutes überwinden« ist ein Zitat aus Röm 12,21)

44. Meditationsthema: Tätige Nächstenliebe

Denn ich war hungrig, und ihr habt mir zu essen gegeben;
ich war durstig, und ihr habt mir zu trinken gegeben;
ich war fremd und obdachlos, und ihr habt mich aufgenommen;
ich war nackt, und ihr habt mir Kleidung gegeben;
ich war krank, und ihr habt mich besucht; ich war im Gefängnis,
und ihr seid zu mir gekommen.
Mt 25,35f.

Ihr sprecht davon, der Welt zu helfen. Ist die Welt so winzig?
Und wer bist du, daß du der Welt helfen willst?
Setze deine geistigen Übungen fort und erkenne Gott. Erreiche ihn.
Gibt er dir geistige Kraft, dann kannst du
allen Gutes tun. Sonst nicht. …
Ein Schüler erzählte mir einmal, er wolle Krankenhäuser,
Ärztepraxen, Schulen, Straßen bauen und Teiche ausheben lassen.
Ich habe gesagt: Was vor deinen Augen an Arbeit anfällt,
das kannst du nicht abweisen, doch mußt du alles selbstlos tun.
Aus eigenem Antrieb sollst du dir nicht zu viel Arbeit aufladen,
sonst kannst du Gott vergessen.
Ramakrishna

Ramakrishnas Warnung: Die Schwierigkeit, das aktive religiöse Leben und das kontemplative Leben in einer Balance zu halten. Für den Nächsten sensibel bleiben, doch nicht glauben, alles selbst tun zu müssen. Nicht in einer Geschäftigkeit der guten Taten aufgehen.

In jedem Menschen einen Bruder/eine Schwester sehen. Mehr noch: In jedem Menschen Gott erkennen. – Vergleiche: »Was ihr für einen meiner geringsten Brüder getan habt, das habt ihr mir getan.« (Mt 25,40) – »Wer mich in allen Dingen sieht,/ und alles in mir sieht,/ für den gehe ich nicht zugrunde, und er geht für mich nicht zugrunde.« (Bhagavad-Gita VI,30)

45. Meditationsthema: Opfern

*Bringt mir nicht länger sinnlose Gaben, Rauchopfer,
die mir ein Greuel sind. ... Eure Neumondfeste und Feiertage
sind mir in der Seele verhaßt, sie sind mir zur Last geworden,
ich bin es müde, sie zu ertragen. ... Wascht euch,
reinigt euch! Laßt ab von eurem üblen Treiben! Hört auf,
vor meinen Augen Böses zu tun! Lernt Gutes zu tun!
Sorgt für das Recht!*
Jes 1,13f.;16f.

*Besser als das Opfer von Substanzen
ist das Opfer der Erkenntnis, oh Feindeverglüher,
jegliches Werk, oh Pritha-Sohn,
wird gänzlich in Erkenntnis vollendet.
Erlerne dies durch Unterwerfung,
durch Nachfragen, durch Dienst.*
Bhagavad-Gita IV,33f.

*Das Opfer, das Gott gefällt, ist ein zerknirschter Geist,
ein zerbrochenes und zerschlagenes Herz wirst du, Gott,
nicht verschmähen.*
Ps 51,19

Rituale, Opferriten, Liturgie sind nicht als solche spirituell unfruchtbar, sondern nur wenn sie mechanisch, bedeutungsentleert sind und mit einer Gläubigkeit an den heilbringenden Wert äußerlicher Regeln ausgeführt werden.

Darum der Rat der Propheten und Weisen: Kehrt euch von äußerlichen Observanzen, von bloß materiellen Opfern ab; statt dessen opfert euch *innerlich* auf – die Sinneseindrücke, die Erkenntnis, die Gefühle... Es ist das Opfer der Reue und Zerknirschung, durch das wir uns läutern und umwandeln.

46. Meditationsthema: Friede

Frieden hinterlasse ich euch, meinen Frieden gebe ich euch;
nicht einen Frieden, wie die Welt ihn gibt, gebe ich euch.
Euer Herz beunruhige sich nicht und verzage nicht.
Jo 14,27

Friede der Erde und dem Luftraum!
Friede dem Himmel, Friede den Wassern,
Friede den Pflanzen und Friede den Bäumen!
Mögen mir alle Götter den Frieden gewähren!
Durch diese Anrufung des Friedens möge sich Frieden verbreiten.
Durch diese Anrufung des Friedens möge Friede Friede bringen!
Atharva Veda XIX,9,14

Der Friede Christi – der »Friede« der Welt. – Vergleiche: »Und der Friede Gottes, der alles Verstehen übersteigt, wird eure Herzen und eure Gedanken in der Gemeinschaft mit Christus Jesus bewahren.« (Phil 4,7)

Die Sehnsucht nach Frieden im Hinduismus umfaßt die Natur, die Elemente, den Kosmos, die gesamte Schöpfung. – Vergleiche: »Gott sah alles an, was er gemacht hatte: Es war sehr gut.« (Gen 1,31)

In unserer Zeit der bedrohlichen Umweltkrise ist unser Wunsch nach kosmischem Frieden besonders aktuell.

Friede in der Natur: »Ein Land, in dem Milch und Honig fließen« (Num 13,27).

Friede in der Seele des Menschen: »Friedlos bin ich, bis ich ruhe in dir.« (Augustinus)

Friede unter den Menschen: Christi Gruß an seine Jünger: »Friede sei mit euch!« (z.B. Jo 20,19)

47. Meditationsthema: Glückseligkeit

Freut euch im Herrn zu jeder Zeit! Noch einmal sage ich: Freut euch! ... Der Herr ist nahe.
Phil 4,4f.

Da sprach Maria:
Meine Seele preist die Größe des Herrn,
und mein Geist jubelt über Gott, meinem Retter.
Denn auf die Niedrigkeit seiner Magd hat er geschaut.
Siehe, von nun an preisen mich selig alle Geschlechter.
Lk 1,46-48

Wenn man die Essenz empfängt, wird man von Freude erfüllt. Denn wer könnte atmen, wer könnte leben, wenn der leere Raum nicht von Freude erfüllt wäre? Denn er allein bringt Freude.
Taittiriya Upanishad II,7

Nachdem er Askese geübt hatte, erkannte er: Der absolute Gott [Brahman] ist Freude. Denn aus der Freude werden die Lebewesen geboren, in der Freude leben sie, wenn sie geboren sind, in die Freude gehen sie ein, wenn sie aus dieser Welt scheiden.
Taittiriya Upanishad III,6

Glückseligkeit ist im Christentum wie im Hinduismus das Ziel des religiösen Lebens und der Inhalt der Erlösung.

Wer in Gott lebt, für den ist sogar der Raum von Freude erfüllt. Die Freude im Kosmos ein- und ausatmen.

Freude, die die »Welt« gibt – Freude, die Gott schenkt. Sie zeigt sich erst, nachdem wir Askese geübt haben, das heißt, nachdem wir gelernt haben, zu entsagen.

IV. Erfahrungen mit der indischen Ashram-Spiritualität

AUS MEINEM LEBEN 48-60

Teil der Ashram-Gemeinschaft

48. Die Bewohner eines Ashram

Ein Ashram ist eine Gemeinschaft, die sich ohne eine feste Ordensregel um einen geistlichen Meister (*Acharya, Guru*) bildet. Wie unterscheidet sich ein indischer Ashram von einem christlichen Kloster in Europa? Die Gemeinschaft besteht aus einer informellen Gruppe religiöser Sucher, seien sie Mönche, Nonnen oder Laien. Der Guru ist der dynamische, charismatische Mittelpunkt der Gemeinschaft, von dessen Inspiration und individuellen Menschenführung der Ashram lebt. Der »harte Kern« der Ashram-Bewohner sind die Mönche oder Nonnen. Im allgemeinen sind sie unterteilt in Novizen (*Sadhakas*), die sich noch prüfen, ob sie für das monastische Leben geeignet sind und in junge Mönche oder Nonnen (*Brahmacharis*), die vom Guru bereits die Einweihung erhalten haben. Einige Jahre später werden sie nach einem weiteren rituellen Feier *Sannyasis,* nämlich Bettelmönche. Von ihnen wird die spirituelle Reife erwartet, daß sie – wie etwa die frühen Franziskaner – bettelnd von Ort zu Ort wandern und durch ihre Entsagung und Demut ein Beispiel geben. In unseren Ashrams versuchen wir auch christliche Sannyasis zu diesem schwierigen Leben, das im Hinduismus, Buddhismus und Jinismus Indiens eine jahrtausendealte Tradition hat, zu inspirieren.

Weiterhin wohnen in einem Ashram Langzeit-Besucher, die sich in das Ashram-Leben integrieren und dem Guru unterordnen, sowie Gäste, die ein paar Tage bleiben, etwa zu privater Einkehr, oder um den Rat und die Unterweisung des Guru zu erhalten. Oder sie bleiben nur ein paar Stunden, an einem Festtag etwa, um den Guru zu sehen und seinen Segen zu empfangen. Gastfreundschaft ist ein wichtiger Teil des Ashram-Lebens; auch im Kurisumala Ashram arbeiten viele Brahmacharis und Sannyasis im Dienst für die Gäste, die aus der ganzen Welt zu uns kommen.

49. Ashram-Alltag

Das Ashramleben soll sich so spontan wie möglich regeln. Nur das Wort des Guru schafft Struktur und Schwerpunkte, die sich je nach der Situation der Bewohner ändern können. In einer charismatischen Gemeinschaft kennt jeder seine Aufgabe, die er selbstlos und ohne Führung im einzelnen erfüllt. Der Hindu kennt drei heilige Gebetszeiten: Morgen- und Abenddämmerung und Mittag, die in den meisten Ashrams, wie auch im Kurisumala Ashram, eingehalten werden. Wir haben unsere eigenen monastischen Stundengebete, die sich aus dem Geist der syrisch-orientalischen Tradition nähren. Sie nehmen aber auch die Weisheit der heiligen Schriften des Hinduismus auf und zitieren sie an geeigneten Stellen. Bedeutend für die katholischen Ashrams ist natürlich die »göttliche Liturgie«, die wir im Kurisumala Ashram wochentags nach einem indischen Meßritus, der Symbole aus einer hinduistischen Opferfeier, der *Puja*, integriert, und sonntags nach dem syrisch-malankarischen Ritus feiern.

Abends findet eine lockere und entspannende Gesprächsrunde statt, ein *Satsang*, bei der der Guru aus seinem Alltag berichtet, Fragen beantwortet, selbst Fragen an die Gemeinschaft stellt. Im Kurisumala Ashram singen wir zusammen, hören unseren neu angekommenen Gästen zu und bereiten die Liturgie des nächsten Tages vor.

Ora et labora, forderte der heilige Benedikt von seinen Mönchen: Bete und arbeite! Dieser Regel folgen die meisten christlichen Ashrams. Im Kurisumala Ashram haben wir Milchwirtschaft; außerdem betreuen wir zahlreiche Gäste. Die Arbeit der Hände ist im Hinduismus gering geachtet; ein Hindu-Sannyasi wird im allgemeinen keine körperliche Arbeit verrichten. Wir christlichen Sannyasis wollen dieser Arbeit ihren Wert zurückgeben und damit der Arbeit aller Armen in unserem Land, die von dem Werk ihrer Hände leben.

50. Brotarbeit

Mahatma Gandhi ist im Kurisumala Ashram eine besonders verehrte Gestalt. Er gründete mehrere Ashrams, in der körperliche Arbeit für alle Mitglieder vorgeschrieben war; er selbst nahm sich nicht aus. Er nannte es »Brotarbeit«. Jeder sollte für sein tägliches Brot – wie Bauern und Handwerker – selbst mit den Händen arbeiten. Wer diese Arbeit nicht leiste, sagte Mahatma Gandhi, habe kein Anspruch auf Essen. Im Kurisumala Ashram arbeiten alle Mönche, junge und alte, etwa fünf Stunden am Tag. Auch die Langzeit-Gäste nehmen an der Arbeit teil: in der Küche, der Bäckerei, auf den Feldern.

Wir versuchen, den Tag ausgeglichen in fünf Stunden Gemeinschaftsgebet, fünf Stunden privates Gebet, Meditation, geistliche Lektüre, und fünf Stunden Arbeit einzuteilen.

Der Kurisumala Ashram liegt in den sogenannten »Western Ghats«, einer Gebirgskette von über tausend Metern Höhe. Rauhe Winde fegen über die öden Bergkuppen, im Herbst regnet es wochenlang beinahe ohne Unterbrechung. Diesem unwirtlichen Landstrich haben wir »im Schweiße unseres Angesichts« fruchtbare Felder und Wiesen und Plantagen abgerungen. Die Milchwirtschaft des Ashram ist zu einem Modell für die weite Umgebung geworden. Neben Futter für die Kühe bauen wir Mais, Hafer, Bananen, Gemüse und ein wenig Zuckerrohr an. Wie es Gandhi für seine Ashrams gewünscht hat, sind wir wirtschaftlich unabhängig geworden. Wir haben außerdem einer großen Anzahl von Familien in der Umgebung geholfen, Bauernhöfe einzurichten. Ihre Milch sammeln wir und verkaufen sie genossenschaftlich weiter.

Wie das benediktinische Mönchtum in seiner Frühzeit ist das christliche Mönchtum Indiens zu einem Pionier geworden; Land wird urbar gemacht, neue Räume werden besiedelt und kultiviert. Hier schöpfen wir bewußt aus den Quellen unserer christlichen Geschichte, um der indischen monastischen Spiritualität etwas zu schenken, was ihr bisher fehlte.

51. Christliche Mönche in Indien

Das christliche Mönchtum in Indien darf keine Kopie des institutionellen abendländischen Mönchtums sein. Vielmehr muß es aus dem Grund der indischen Seele steigen und ihre religiösen Hoffnungen erfüllen.

Indien hat der Suche nach unmittelbarer mystischer Gotteserfahrung immer den Vorrang gegeben. Nur auf der Basis dieser Erfahrung ist der Inder bereit, karitativ und kulturell unter den Menschen zu wirken. Das Mönchtum des Hinduismus ist »eschatologisch«; damit meine ich, daß der Mönch radikal der Welt entsagt und sein Leben auf das Absolute ausrichtet. Er ist er nicht mehr dazu verpflichtet, seinen Mitmenschen zu helfen, zu dienen, er ist von allen Pflichten entbunden. Doch ist er kein »unnützes« Mitglied der Gesellschaft und wird auch nicht als ein solches von anderen angesehen. Hindus sind davon überzeugt, daß allein die *Gegenwart* eines Welt-entsagenden Mönchs einen segensreichen Einfluß auf seine Umgebung hat. Ihre Aufgabe ist, »zu sein«, nicht »zu tun«. Darum suchen fromme Hindus die Nähe der Mönche und empfangen geistigen Rat. Manchmal nimmt ein Mönch auch Schüler an und wird ihr Guru.

Das christliche Mönchtum in Indien muß Männer und Frauen tiefer mystischer Erfahrung hervorbringen. Christliche Ashrams sollen spirituelle Mittelpunkte werden, die ins ganze Land ausstrahlen. Die christlichen Missionare und die Priester in den Gemeinden brauchen ihre pastoral-karitativen Tätigkeiten nicht aufzugeben – gerade in Indien sind sie besonders notwendig. Doch müssen indische Christen einsehen, daß tätige Nächstenliebe ohne ein spirituelles, kontemplatives Fundament zu zahlreichen Fehlhaltungen führt. Wir brauchen ein Mönchtum, das die prophetische und charismatische Dimension des Christentums neu entfaltet. Ashram-Gemeinschaften sind dafür ideal, soweit das Christentum auch Persönlichkeiten hervorbringt, die genug geistige Authorität besitzen, um als Gurus zu wirken.

Kapelle auf dem Kurisumala-Gipfel

52. *Der Yoga der Bhagavad-Gita*

Im Übungskurs haben wir uns auf Patanjalis *Yoga-Sutras* berufen. Seine Methode ist streng geordnet und rational. Er verläßt sich auf erfahrbare innere und äußere Vorgänge; darum spart er Glaubensinhalte – auch einen persönlichen Gott – aus. Patanjali leugnet sie nicht – er schweigt über sie. Die *Bhagavad-Gita* ist ein Lehrgespräch zwischen Gott Krishna und seinem Wagenlenker Arjuna unmittelbar vor einer entscheidenden Schlacht. Krishna lehrt in poetisch-rhythmischer Sprache die Geheimnisse des Glaubens an einen persönlichen Gott – an ihn, Krishna. Die Lehre der Bhagavad-Gita ist nicht systematisch, sondern evokativ. Sie spricht die Sehnsucht unseres Herzens nach Liebe zu Gott an; sie versichert uns der Liebesantwort Gottes. Emotional ist darum die Bhagavad-Gita befriedigender als Patanjali. Unser christlicher Glaube sammelt sich um einen persönlichen Gott, Jesus Christus. Wir können darum der Spiritualität der Bhagavad-Gita ohne Schwierigkeit folgen.

Das metaphysische Fundament der Bhagavad-Gita ist das der *Upanishaden.* Sie lehren als tiefste Erkenntnis die Identität von der individuellen Seele und der absoluten Gottheit – die Identität von *Atman* und *Brahman.* Diese Identität unmittelbar geistig zu erfahren, gilt als die Erfüllung des menschlichen Lebens. Doch bevor ein Mensch dazu fähig ist, muß er seine geistigen Kräfte durch Meditation und durch Hingabe an Gott stärken. *Bhakti,* die emotional gefärbte, verehrungsvolle Liebe zu Gott steht in der Mitte der Bhagavad- Gita-Spiritualität, obwohl Krishna auch den Weg des philosophischen Wissens (*Jnana-Marga*) und der selbstlosen Arbeit (*Karma-Marga*) lehrt. Krishna zeigt sich also in unterschiedlichen Gestalten: als Freund und Wagenlenker, als Meister, als kosmischer Gott, der in allen Wesen lebt und in dem der gesamte Kosmos aufgehoben ist, und als Urgund allen Seins, eins mit *Brahman.* Durch Gottes viele Gesichter erfahren wir Gottes Unfaßbarkeit.

53. *Das immerwährende Gebet*

In der christlichen wie Hindu-Tradition gibt es das immerwährende Gebet. Im Christentum heißt es Jesus- oder Herzensgebet, im Hinduismus *Nama-Japa*. Die beiden Religionen lehren frappierend ähnliche Methoden, wie wir eine ständige Wiederholung eines kurzen Gebets oder Gebetswortes erreichen können. Darum üben wir in unseren christlichen Ashrams, die doch Stätten der interreligiösen Begegnung sind, mit Vorliebe das immerwährende Gebet. Es ist eine geistige Disziplin, die eingeübt sein will. Darum brauchen wir eine Zeit morgens und abends, in der wir uns nur auf dieses Gebet sammeln. Ist es fest in uns verankert, können wir es in das Vielerlei des Tages hineinnehmen, ohne es zu verlieren. Diese Zeit kann identisch mit unserer Meditationszeit sein, denn das immerwährende Gebet ist eine Vorform der Meditation, von der man wie von selbst in die Wortlosigkeit der Meditation gleitet. Vor allem ist es das Mysterium von der Begegnung des Menschen mit Gott; keine »Disziplin« kann dieses Mysterium ausschöpfen.

Auch die Heiligen können nicht erklären, wie und wann sie die Gnade des immerwährenden Gebets gewannen. Bernhard von Clairvaux schreibt: »Niemals habe ich den genauen Augenblick Seiner Ankunft erkannt. ... Er hat meine schlafende Seele geweckt, mein Herz bewegt, besänftigt und verwundet. Er hat Licht in die Finsternis geschickt, das Verschlossene geöffnet und das Kalte mit Wärme erfüllt.« Obwohl keine Methode sicher ans Ziel führt, ist geistige Disziplin unerläßlich. Sie muß aber innerlich ansetzen: *Hingabe* ist die wichtigste Disziplin. Sie führt am sichersten zum immerwährenden Gebet und zum Gottbewußtsein. Hingabe ist »Herzenssache«, und ein Christ, der das Jesusgebet bis in die »Höhle seines Herzens« geleitet hat und dort sicher verwahrt, dessen Kontemplation kann von keinen äußeren Einflüssen geschwächt werden. Das Jesusgebet verwandelt uns in Himmelsbewohner, in verklärte Menschen von Gottes Gnaden.

54. Eine Spiritualität für heute

Der Hebel zur Lösung der uns bedrängenden Weltprobleme muß (dem Hinduismus zufolge) bei uns selbst ansetzen. Wer zum Frieden in der Welt beitragen will, soll ihn zuerst *in sich* haben; und er soll Frieden in nächster Umgebung, in der Familie etwa, suchen. Ebenso kann sich eine moderne Spiritualität nur aus dem inneren, nämlich dem kontemplativen Leben entwickeln. In unserer Zeit müssen die Kontemplativen »auf die Straße« gehen und für Gerechtigkeit und Frieden unter den Menschen und in der Schöpfung kämpfen. Von der indischen Tradition können wir lernen, Konflikte und Probleme »holistisch«, das heißt ganzheitlich, zu betrachten – also nicht nur ihre soziale und psychologische Relevanz. Eine Betrachtungsweise, die den Menschen nicht auch als jemanden versteht, der Kontemplation sucht und in seinem Wesen auf Kontemplation angelegt ist, wird keine echten Lösungen zu unseren Weltproblemen anbieten.

Viele Probleme entstehen in den Gedanken und Gefühlen der Menschen. Zum Beispiel der Krieg. Darum muß eine Verhinderung des Kriegs auch bei den Gedanken und Gefühlen ansetzen. Mahatma Gandhi hat sich mit seiner Idee und Praxis des *Satyagraha* dieses Prinzip zueigen gemacht. Er glaubte an das Gute im Menschen und versuchte, es zu »aktivieren«, zu entfalten und zur Basis der Handlungen zu machen. Er entwickelte eine Methode, wie er durch konkrete soziale Aktionen »das Böse durch das Gute überwand«, wie es die Bibel von uns auch fordert. Voraussetzung ist natürlich, daß der *Satyagrahi* selbst fest im Guten steht. Das ist nur möglich durch Einübung – durch Meditation, Kontemplation, Yoga.

Auf Technologie und Wissenschaft brauchen wir nicht zu verzichten; auch nicht auf Konsumgüter, doch muß ihre Benutzung von jener Weisheit geleitet werden, die Frucht der Kontemplation ist.

55. *Ashram-Leben – oder: Der Mönch in uns*

Das Leben in Ashrams, das in Indien eine uralte Tradition hat, erscheint mir als die geeignetste Möglichkeit, indische Spiritualität und Christentum zu einem lebendigen Organismus zu verbinden. Dies haben die indischen Kirchen erkannt und sich darum im Geist des Zweiten Vatikanischen Konzils um die Gründung von christlichen Ashrams bemüht. Damit sind die Möglichkeiten dieser Lebensform nicht erschöpft: Sie kann auch die abendländischen Kirchen vitalisieren, vor allem das unschöpferisch gewordene europäische Mönchtum. In Amerika haben viele Mönche und Nonnen bereits von der Ashram-Tradition gelernt; in Europa sind wir damit noch am Anfang.

In den letzten zwei Jahrzehnten gibt es da und dort die Einrichtung des »Klosters auf Zeit«, um das Klosterleben bekannter zu machen, vor allem unter der Jugend. Ashrams sind immer Klöster auf Zeit gewesen. In ihnen leben Mönche und Nonnen, Laien und Gäste in größtmöglicher Freiheit und Vertrautheit zusammen. Jeder folgt nach dem Rat des Guru seinem *Sadhana*, der für ihn in *diesem* Augenblick besten asketisch-spirituellen Lebensweise. Jeder arbeitet, was ihm gerade am meisten nützt, und so viel, wie für die Gemeinschaft notwendig, aber dennoch nicht abträglich für sein geistiges Fortschreiten ist. Gäste bleiben je nach ihren Möglichkeiten und ihrem Bedürfnis längere oder kürzere Zeiträume, kehren häufig wieder, um wie in Exerzitien ihr geistiges Leben zu erneuern. Selbst die Mönche bleiben nicht immer im Ashram, sondern sie können auf Wanderschaft gehen oder eine Zeitlang in anderen Ashrams wohnen.

Der westliche Christ braucht Individualismus; im Ashram-Leben kann er dessen positiven Kräfte zu seinem geistigen Leben nutzen. Er braucht gleichzeitig Gemeinschaft, weil er von Einsamkeit und Isolierung bedroht ist; im Ashram-Leben findet er eine charismatisch-flexible und fluktuierende Gemeinschaft. Jeder Ashram-Bewohner kann »den Mönch in sich« entdecken, auch wenn er verheiratet ist, und ein Stück Mönch-Sein wieder in die Gesellschaft mitnehmen.

Eine Kreuzwegstation auf dem Kurisumala

56. Aus dem Stundengebet: Auferstehung-Hymne von Ephräm

*Der Herr des Paradieses trat hervor aus dem Grab.
Maria traf ihn, doch hielt sie ihn für den Gärtner.
War er nicht tatsächlich ein Gärtner, der das Paradies pflanzte
und es schützte mit dem Flammenspeer und dem Kerubim!
Wie lieblich von dir, Maria, ihn als den Gärtner anzusprechen!*

*Maria sagte: »Komm in deinen Garten, du Gärtner. Komm!
Ich suche die verlorene Frucht deines Gartens.
Bist du es, der ihn aus dem Grab getragen hat?
Dann zeige mir, wo du ihn in deinem Garten hingelegt hast.
Die ihn gekreuzigt haben, sollen ihn nicht behalten. Gib ihn mir.«*

*O Gärtner, wie herrlich ist dein Paradies!
Darin ist das Grab des Herrn der Bäume,
der die Frucht des Lebens ist, das Wahre Leben.
Vorgestern wurde er an dem Baum gehängt. Jetzt ist er hier.
Komm. Begegne ihm und sei glücklich, ihn zu kosten.*

*O Gärtner, wenn du ihn gesehen hast,
wenn du ihn mitgenommen hast, komm
und zeige mir, wo du ihn hingelegt hast, den Lieblichen.
Erlaube mir, ihn aus deinem Garten voller Schätze zu holen.
Hindere mich nicht, o Gärtner. Gib ihn mir. Es tut mir gut.*

*Unserem Herrn gefiel es, für einen Gärtner gehalten zu werden,
denn er öffnete die Tür zum Paradies wieder für Adam
und seine Kinder und brach den Speer des Kerubim,
damit der Geflohene zurückkehren könne, um sein Erbe anzutreten.
Mit Recht wird er ein Gärtner genannt, seiner Auferstehung wegen.*

*Er rief: »Maria!« Und vom klaren Ton seiner Stimme wurde ihr Herz,
das im Dunkeln war, erleuchtet. Und sie wollte ihn, den Taghellen,
sehen; ihr Schmerz schwand angesichts der leuchtenden Sonne.
Ihr Gesicht, gepeinigt durch seinen Tod,
strahlte nun seine Auferstehung wider.*

57. Aus dem Stundengebet: Wer Gott kennt

Wer ist der Gott, den wir verehren?
Den Gott der Götter, dessen Herrlichkeit die Welten sind
und der die Welt der Menschen und aller Lebewesen regiert.
In ihm leben wir, bewegen wir uns und haben unser Sein.
Wie die Seher alter Zeiten sagten: »Wir sind Gottes Nachkommen.«

Er ist der Gott unendlicher Formen, in dessen Herrlichkeit alle Dinge gründen,
winziger als das kleinste Atom und doch der Schöpfer des Alls,
im Geheimnis der Schöpfung lebt er fort.
In der Anschauung dieses Gottes der Liebe ist ewiger Friede.

Er ist der Herr aller, versteckt im Herzen der Dinge,
der über die Welt der Zeitlichkeit wacht, als sein Beschützer.
Die Geister und die Seher Gottes sind mit ihm vereint.
Wer ihn kennt, zerschneidet die Fesseln des Todes.

Wer Gott kennt, wie er verborgen in allen Dingen lebt,
wie Sahne in der Milch verborgen ist, dessen Fesseln lösen sich.
»Wer Mich liebt, wird sich an Mein Wort halten.
Dann wird Mein Vater ihn lieben,
und Wir werden zu ihm kommen und bei ihm wohnen.

Weil ich lebe, wirst auch du leben, und du wirst wissen,
daß ich in Meinem Vater bin, und du in Mir und ich in dir.
Wer Mich liebt, wird von Meinem Vater geliebt. Auch ich liebe ihn und werde
Mich ihm offenbaren.
*Liebt einander, wie ich euch geliebt habe.«**

* Elemente aus Svetesvatara Upanishad IV, 13-17, Apg 17,28 und Jo 14,23; 14,19-21; 15,12.

58. Aus dem Brief eines Ashram-Gastes

Lieber Pater und liebe Brüder,

... Die letzten neun Tage waren ein tiefes Erlebnis. Als ich ankam, waren meine Gefühle in schmerzvollem Aufruhr. Was für einen Ort Sie geschaffen haben, um zu heilen und Gott immer näher zu kommen! Ihm fühle ich mich heute näher als jemals zuvor. Es ist so wunderbar zu sehen, wie Sie die Lehren Christi leben, Liebe und Vergebung üben. Es hat einen Teil meines Wesens verwandelt. Alles – die Berge hinaufzusteigen, mit den Tieren zusammenzusein, den Kreuzweg zu beten, Gemüse zu schneiden und Geschirr zu spülen – war für mich wundervoll und bewegend. Ich habe so viel geweint hier und die aufgestauten Gefühle von 29 Jahren befreit. Ich danke Ihnen, daß ich das im Kurisumala Ashram tun durfte. Ich kann es kaum in Worte fassen wie tief Gebet nach meinem Besuch ein Teil meines Lebens geworden ist. Sie alle sind ausgezeichnete Lehrer gewesen. Ich danke Gott für die Begegnung mit jedem von Ihnen. Ich komme wieder. Ich liebe Sie alle.

D.F. aus San Francisco, U.S.A. 11.12.1991

59. Kurisumala – Der Aufstieg zum Kreuzberg

Von einer Hüftgelenk-Operation genesen, machte ich nach Jahren zum erstenmal wieder die Wallfahrt auf den Kreuzberg, der unser Ashram überragt und von dem er den Namen erhalten hat. Ich folgte den Kreuzwegstationen, die den Weg bis zur Kapelle auf dem Gipfel begleiten. An jedem der kahlen, groben Kreuze, die auf dem Felsen standen, machte ich halt und verehrte es schweigend. Jedesmal nahm ich den Segen des Kreuzes, indem ich mich tief davor verneigte und meine Stirn dagegen preßte, bevor ich weiterging. Ich blickte nach Norden über das Tal hinaus und sah den Ashram fast zu meinen Füßen liegen. Dahinter breitete sich tief die Kette der Sahya-Berge aus; der Periyar-Fluß und der Idiki-Stausee glitzerten matt im Abendlicht. Die niedrigen Gebäude des Ashram lagen fast verloren zwischen den Bäumen. Sie wurden harmonisch umrahmt von den grünen, terrassenförmigen Feldern, die an einen großen, schönen Zen-Garten erinnerten; unser kleiner See spiegelte den Himmel wie ein helles Auge.

Als ich die vierzehnte Station erreichte, warf ich mich körperlang auf den felsigen Grund zu Füßen des Kreuzes nieder. Das wiederholte ich vor der Tür der Kapelle und zu Füßen der Christusstatue, die auf einem hohen Sockel steht, mit dem Kreuz in der Hand – der auferstandene Christus, der Lebensspender. Jedesmal drückte ich meine Stirn auf den Boden in Anbetung, küßte den Fels in Liebe. Es gab mir eine überwältigende Erfahrung der Einheit – Einheit mit Mutter Erde und mit der gesamten Schöpfung, doch Einheit auch mit dem Kreuz, durch das ich einen geheimnisvollen Vorgeschmack der neuen Schöpfung empfangen hatte. Meine Augen tauchten ein in die tiefen Täler und Ebenen im Umkreis. Einige Kirchen blinzelten als weiße Flecken inmitten der üppigen tropischen Vegetation. Gegen Norden lag das geliebte Land des Ashram, das Land, welches ich geheiratet hatte, als es noch Wildnis gewesen war.

60. Dank an Gott und die Menschen an meinem achtzigsten Geburtstag

Wir sind immer noch eine kleine Gemeinde. Begonnen haben wir ohne das Wissen von Planern und Managern. Wie der *Anawim*, der Arme in der Bibel, haben wir einzig auf Gott vertraut, auf ihn gewartet. Er hat sich nicht nur unseren Vorvätern gezeigt, sondern auch uns, als *El Schaddai*, »der Eine vom Berg«, vom kosmischen Berg, der nach alter semitischer Tradition die Heimat der Götter ist.

Von der Gnadenfülle des El Schaddai haben wir alles empfangen: den Berg mit seinen Weiden und Bächen, die Schar mutiger Gottsucher, die bis zu dieser Höhe vorgedrungen und geblieben ist. Andere folgten, die sich in der Umgebung niederließen, um dem kargen Boden ihr Brot abzugewinnen. Sogar ein Krankenhaus wurde gebaut. Und Geschäfte entstanden am Straßenrand. Noch bevor die Straße in den Fels gesprengt wurde, sind Gäste zu unserem Ashram gekommen – aus der Ebene Keralas, aus anderen Gegenden Indiens, schließlich von allen Kontinenten und vielen Ländern – um einige Tage oder Wochen ihres Lebens mit uns zu teilen. Unter ihnen waren Hippies und Diplomaten, Bischöfe, Professoren und einfache Menschen, die ihren Lebensunterhalt mit ihren Händen verdienen.

Zahlreiche Gäste haben uns mit unvergeßlichen Erinnerungen bereichert. Davon haben viele unser Stundengebet angenommen und beten, jeder für sich und an seinem Ort, täglich die Gebete und Hymnen aus *Prayer with the Harp of the Spirit.* So ist unsere Ashram-Gemeinschaft weltweit geworden. Möge unser Leben dazu beitragen, daß sich Liebe verbreitet, daß die Welt gerechter wird durch die Weisheit, die aus Gebet und Kontemplation fließt. Möge unsere Arbeit und die Begegnung mit den Menschen und Tieren, mögen unsere Gebete und Meditationen unsere Freude über die Schöpfung zum Ausdruck bringen, und zu ihrer Verehrung und Erhaltung mit ganzer Kraft beitragen. Nur auf diese Weise kann *Kurisumala* – der Kreuzberg – der Berg der Verklärung werden.

Kurisumala Ashram, Kerala/Indien am 17.1.1992

Quellennachweise

Der Text ist eine Auswahl aus den beiden Büchern *Yoga für Christen* und *Die Kunst des Lebens. Yoga-Meditation für Christen* von Francis Acharya, die 1977 und 1978 von den Päpstlichen Missionswerken Österreichs, Wien, für die Teilnehmer der Kurse von Francis Acharya gedruckt wurden. Der Autor hat die Auswahl durchgesehen und neue Kapitel hinzugefügt. Übersetzung, Auswahl und Überarbeitung stammen vom Herausgeber.

Die Zitate aus der *Bhagavad-Gita* stammen von:
Bhagavad-Gita. Wege und Weisungen. Übersetzt und eingeleitet von Peter Schreiner. Verlag Benziger, Zürich 1991

Aus den *Upanishaden*:
Upanishaden. Befreiung zum Sein. Ausgewählt, übersetzt und eingeleitet von Bettina Bäumer. Verlag Benziger, Zürich 1986

Von *Ramakrishna*:
Sri Ramakrishna – Setze Gott keine Grenzen. Gespräche des indischen Heiligen mit seinen Schülern. Ausgewählt, aus dem Bengalischen übersetzt und eingeleitet von Martin Kämpchen. Verlag Herder, Freiburg 1984

Der Text Nr.59 aus:
Im Lebenskreis der Armen. Indisch-christliche Spiegelungen der Hoffnung. Von Martin Kämpchen. Mit Holzschnitten von Jyoti Sahi.
Verlag Herder, Freiburg 1981, S.36-41 (gekürzt)